高高山頂立　深深海底行

吃亏心理学

张 涛 著

天 地 出 版 社 | TIANDI PRESS

图书在版编目（CIP）数据

吃亏心理学 / 张涛著. —成都：天地出版社，2018.8（2019年重印）
ISBN 978-7-5455-3273-9

Ⅰ. ①吃… Ⅱ. ①张… Ⅲ. ①人际关系—社会心理学—通俗读物 Ⅳ. ①C912.11-49

中国版本图书馆CIP数据核字（2017）第248403号

吃亏心理学

CHIKUI XINLIXUE

出品人　杨　政
著　者　张　涛
责任编辑　张秋红
装帧设计　龙　柒
责任印制　葛红梅

出版发行　天地出版社
（成都市槐树街2号　邮政编码：610014）
网　址　http://www.tiandiph.com
http://www.天地出版社.com
电子邮箱　tiandicbs@vip.163.com
经　销　新华文轩出版传媒股份有限公司

印　刷　天津旭非印刷有限公司
版　次　2018年8月第1版
印　次　2019年5月第3次印刷
成品尺寸　146mm×210mm　1/32
印　张　10.5
字　数　270千字
定　价　39.80元
书　号　ISBN 978-7-5455-3273-9

咨询电话：（028）87734639（总编室）
购书热线：（010）67693207（市场部）

前 言

大众心理学领域，一定不能少了谈“吃亏”的书。因为在人际交往中，吃亏是最常见、最不可避免、影响最大的主题之一。

人与人交往，难免涉及利益问题，有利益，就免不了一方吃亏，一方占便宜。绝对的公平是不存在的。每个人立场不同，对公平的理解自然就不同，只能相互妥协求得相对的公平。

举例来说，两个人做生意，一方投资，另一方开拓市场。几个月后计划失败，不但没盈利，还赔了很多钱。开拓市场的一方认为，这是资金不足导致的；但投资方认为错不在己，项目之所以失败，是因为对方资金使用不得法。双方意见不一，都不愿承担赔钱的后果，或者觉得自己承担的比重过大。总之，都觉得自己吃亏，纠纷就这样产生了。

立场不同，导致对公平的理解不同。觉得不公平，就牵扯上了吃亏和占便宜的问题。

为了求得公平，使双方关系保持稳定，人与人之间的某些交往（尤其是商业交往）会寄希望于合同。但是签了合同就一定公平吗？双方就一定会满意吗？远的不说，这两年娱乐圈艺人与经纪公司解约的情况普遍发生。一开始签订合同时双方都觉得公平，但随着演艺活动的增加，艺人知名度的提高，艺人对原先的分成或者公司的安排有意见了，但公司不肯修改合同，只好走法律途径求解约。可见，合同不是万能的，总有人会自认为吃亏，于是产生纠纷，甚至闹得两败俱伤。

值得我们深思的，是这样一个事实：有利于维持长久关系的合同，往往是某一方吃亏的合同，比如李嘉诚曾签订一份长久合约，投资占总投资的六成，但股份只占四成。

关于吃亏的问题，主要是关于利益的。但是，非物质的部分就不涉及吃亏吗？当然不是！比如大家熟悉的面子问题，试问如果有人当众羞辱你，你是否会觉得吃亏？大多数人一定会“以眼还眼，以牙还牙”，把吃亏的部分再赢回来。

感情问题，也常常涉及吃亏占便宜的问题。谈恋爱的年轻人吵架分手，你经常会听到一方说：“我为他付出了那么多！可是他为我做过什么？”可见每个人在情感上都希望对等，如果认为不对等，就会有吃亏的感觉。其实结婚几十年的夫妇也是如此，要想维持长久的感情，只能相互妥协，也就是一定程度上接受吃亏。

作为一个社会人，我们无法避免与人接触，因此无法回避吃亏问题。每个人对于什么是公平、怎样算吃亏，都有自己的理解。你需要思考的是，你对公平和吃亏的理解是否准确？是否应该反思？为了更好地处理人际关系，你是否应该调整自己的尺度？遭遇不公时，你是否真的不能吃亏？吃亏是最坏的选择吗？……

吃亏是一门艺术，掌握了这门艺术，就能开启人际交往成功的大门。本书全面展示了吃亏的艺术，希望能够使阅读者的人际交往更具智慧，扫除成功路上的一些障碍。

目　录

第三章　原谅别人，其实是在解放自己

第四章　越宽容，越幸福

第五章　成大事者，必有大气量

第六章　与其激他抵抗，不如让他惭愧

第十章　能得到实惠，让人“占上风”又何妨

第十一章　站在他人角度看问题

第十二章　“惠人”才能“惠己”

第一章

“吃亏”问题是人际关系的核心

生活中，吃亏不可避免

说起吃亏，大家肯定不陌生。我们在社会中生活，哪能碰不上吃亏的事情呢？要是现在问问大家吃没吃过亏，我猜百分之九十九点九九的人都会给予肯定回答！那么，到底什么是吃亏呢？我们怎样定义这个总是挂在嘴边的词语？它对于我们的生活又有什么影响呢？

“吃亏”在百科词条里的解释是：遭受损失，或在某方面条件不利。通过这个解释，我们很容易知道：吃亏是件不好的事。但你到大街上拦住一位白发苍苍的老爷爷，他八成会告诉你：“吃亏是福啊。”“吃亏是福”这种说法，你肯定也听过很多次。既是遭受损失条件不利，又是福气，这矛盾的解释挂在“吃亏”两侧，让本来就因为吃亏而头痛的人更加手足无措，不知道自己现在吃的亏到底是好还是不好。局限于字面的解释显然不能满足我们的需求，看来，想要了解吃亏，我们还得再深入一些。

“吃亏”一词，古已有之。元代无名氏《桃花女》第二折里也有吃亏的说法：“原来这姐姐口强心不强，只是我做媒的吃亏。”不仅古诗词中早就有“吃亏”一说，民间有关吃亏的谚语、歇后语也是数不胜数：什么“鼻涕流到嘴里——吃亏沾光没外人”，什么“买了相因（便宜）柴，烧了夹生饭——想占便宜反吃亏”，什么“拳头打跳蚤——吃亏是自己”，等等。

有这么多的例证，可见吃亏在我们生活中还真是常见。吃亏这么频繁地出现于我们的生活，其原因只有一个：我们不是以个体形式，而是以群体形式和其他人一起生活在社会中。

既然与其他人一起生活，就肯定会涉及人际交往。在人际交往中，最不可避免的就是纠纷。这纠纷可能因为金钱，可能涉及面子，也有可能是其他方面。产生纠纷的最基本原因是利益不平衡。两人之间的交往涉及利益，但不能做到公平，或者说不能让两人感觉公平，这种不平衡就会引起纠纷。纠纷的调节一般要以一方的让步为先决条件，一旦让步，必定伴随着一方利益受损。利益受损，就是吃亏。

人人都有趋利避害的本性，既然利益受损就是吃亏，那吃亏一定是不讨人喜欢的事。毕竟，谁愿意自己的利益受损呢？失了钱财，折了面子，白白浪费了精力，哪一样听着都不是好事。那么，“吃亏是福”的说法，怎么解释？

吃亏是不讨人喜欢的事，无奈的是有时怎么也躲不过。除非你不和他人接触，不然一定会产生利益纠纷。且不说吃不吃亏，就说这吃亏还有个剪不断的孪生兄弟——占便宜。很多人都怀有占便宜的心思。我们经常会碰见老想占他人便宜的人。所以这吃亏、占便宜，就成了人际交往中的重要主题。

既然避免不了，有人就会换种眼光看问题了。吃亏以后，怎样化解最有效？聪明人从吃亏中看出了门道，发现有些亏吃过后，换来的回报更大！有时候主动吃些亏还能当计谋使用，吃亏吃出了智慧，吃亏自然就变成了福气。

回头看看历史，有多少名人因为会吃亏而得福的？会明哲保身的用吃亏的方式换平安，有野心的用吃亏的方式换人心，他们吃的亏，可不就是福气？当然也有不会吃亏的，虽有忠烈性子，却因为不懂低头而遭人陷害，最后报国无门，让人唏嘘感叹。本书中就列举了许多历史名人的例子，看过这些例子，你就会明白，不是“吃亏是福”，而是“会吃亏、吃对亏才是福”。

话说到这里，问题也就来了。既然说会吃亏、吃对亏才是福气，那么怎样做才能学会吃对亏呢？遇上被迫吃亏的时候，我们又该怎样面对，怎样化解呢？接下来，这些问题都会给出解决办法。

吃亏的危害是可控的

这世界上总有人在为吃亏、占便宜的事苦恼个不停。

好好走你的路也有调皮的小孩过来使绊子；换份工作遇上脾气不好的上司总是训你；新搬来的邻居总是整晚打麻将，害得你睡不好；与人谈生意别人老想拿大头……烦心的事怎么就这么多？有些人为人忠厚却常常被人算计，吃亏吃得连老实人都不想做了；有的人心地善良，结果就被骗子利用了同情心，吃亏上当，好人怎么就这么难当？有的人只是单纯地保护本该属于自己的东西，却得罪了一大圈人，人际关系糟糕透顶。

这些恼人的问题萦绕着你，生活哪来轻松快乐可言？其实，倒也不是这些事难处理，只是你不会正确地看待吃亏，不会吃亏罢了。不会吃亏的人才会老觉得自己在吃亏，才会在吃亏以后闷闷不乐，把事情越弄越糟。

那么吃亏了，究竟怎样做最恰当？

首先要弄明白的是，你真的吃亏了吗？有时候，吃亏只是一种感觉，你觉得你吃亏了，你心中有不满，但冷静下来分析一下，你就会发现自己其实并没有吃亏。还有可能不仅没有吃亏，还落了个大便宜呢。祸福相依，很多时候回报都在付出之后，吃小亏占大便宜的事在生活中也屡见不鲜。弄清楚这个，很多吃亏的事也就不叫事了。有的人一旦出事就大叫大嚷，要么就是怒气冲天，根本不会仔细考虑，结果一时冲动，本来不吃亏的事反而弄了个吃亏。

所以，当务之急是要冷静，冷静下来认真想想，你真的吃亏了吗？

接下来，当你发现你自己真的吃亏了，这时候该怎么办？按道理讲，吃亏了就要讨回来，你踢我一脚我也要踹你一下，这样才算公平。但是人与人之间的交往不是简单的一对一等值交换关系，我们的行为背后往往包含了许多感情，一味计较得失，即使是在锱铢必较的商场也未必适用。所以吃亏以后要先冷静，看看这个亏，值不值得讨回去。

有时候吃亏是芝麻小事，不碍大局又无伤大雅，这时候不妨一笑而过，就当作是生活的调节剂。祸从小事来，斤斤计较说不定会生出别的事端。有时候吃亏是他人无心，非要计较反而伤了感情。遇上无心之失或者芝麻小事，大多时候是不值得讨回来的。

有时候一不小心吃个大亏，有时候他人有意伤害你，这时候，急着讨回公道就更不应该了。这更需要冷静下来，分析为什么吃亏，这个亏怎么吃的，怎样化解最有效。分析一下让你吃亏的人是不是有别的目的，或者是你自己确实做得不够好。对症下药，病才能治好，着急为自己讨回公道，结果把自己搞得更惨，那就得不偿失了。

总之一句话，吃亏以后要理智，不要冲动着急。吃亏后要冷静分析，然后找出最优解决方案。如何在吃亏后保持冷静，这与我们的心理调节息息相关。从心理调节出发，我们应该用压制怒火、换位思考等方式让自己变得冷静理智。本书就是从心理调节的角度出发，结合例子为你讲述如何在吃亏后调节情绪，从而找出最优解决途径。

面对吃亏不急躁，做好心理调节，然后用理智的眼光看问题，吃亏就不会成为你的困扰。

辩证理解“吃亏是福”

吃亏以后，忍耐为先。用忍耐的方式让自己冷静下来，这是最好的调节方式。不着急做任何动作，先压制自己的冲动和怒火，这样的忍耐，就是对抗突如其来的愤怒，帮你重新找回理智的过程。在忍耐中慢慢平静、冷静，接下来再分析整件事情，你就不会做出冲动、幼稚的行为。忍耐过后，你发现你能忍受侮辱，你能化解烦恼，因为忍耐能帮助你以成熟的心态去面对困难。

吃亏以后，宽容为上。海纳百川，有容乃大。做一个心胸豁达的人，你就不会对别人的伤害斤斤计较，就不会对损失的利益念念不忘。吃亏以后的宽容，是一种善良，这不仅是关怀别人的表现，还能让自己更加平静快乐。因为你原谅了别人，也就放过了自己。

大度对待吃亏，宰相肚里能撑船。要学会糊涂，让自己开开心心，天天活在计较中的人不会获得幸福。有时候仅仅宽容是不够的，也许伤害我们的人正需要帮助，那就不计前嫌地帮助他。

也许伤害我们的人是迫不得已，那就体谅他。很少有人会无故伤害他人，以德报怨，正是来自人性的关怀，它比严惩更有力量。

吃亏不都是坏事，上面也说过了，祸福相依，便宜有大小。有时候吃眼前的亏是为了长远的利益，有时候丢下芝麻是为了捡起西瓜。懂得这一点的人必定有过人的眼光，能看到大小和远近的关系，那么吃亏时候的委屈和无奈，就都不算什么了。

吃亏是福，最大的体现就在于它能为我们建立更好的人际关系。群众的眼睛是雪亮的，你吃的亏别人看在眼里，日子久了当然对你另眼相看，觉得你厚道老实，愿意与你结交的人也会多起来。要不计回报地为他人做点事，人人都有报恩心理，你帮了别人，别人总会心存感激。谁都不是超人，总有需要帮助的时候，将心比心，也该多帮帮他人。

关于吃亏，最大的忌讳有两个：一是绝对不能贪心。不是你的你想占，不该你得的你想得，总有一天害人害己；二是决不能害他人丢面子。凡事最怕争风头逞强，中国人把面子看得很重，你不小心伤了他人的面子，这个人情可就不好赔了。

聪明人知道利用吃亏获得好处，这就是“吃亏是福”的另一个解释。有的人利用主动吃亏的方式收买人心，有的人利用主动吃亏的方式化解僵局。当然，有的人还会制订吃亏计划，有计划，有目标地吃亏。比方说，有的商家用低于成本价的方式出售商品，其目的是通过不打广告的方式吸引消费者，看起来亏了，其实省了一大笔广告费，这是不是够聪明?

当然，世界上也不是什么亏都能吃，如果对方触及你的原则底线，如果有人恶意抹黑你的国家，这种亏就不能吃，要毫不留情地反击回去。比如晏子使楚，楚王叫他钻狗洞，要是晏子委身钻过，那就等于整个齐国都跟着受了气，这个亏是万万吃不得的。于是精明的晏子不仅不甘心受辱，还用巧妙的语言给以回击，最后连楚王都佩服他的才华。

面对吃亏，我们需要有过人的修养，能忍能让；我们需要有足够的智慧，能分得清轻重缓急，能看得了长远把得住大局。

第二章

小亏也要扳回来，就无法集中精力做大事

要学会忍让

受到侮辱就要反抗，这是大多数人坚持的观点。受到侮辱还忍耐，总让人觉得吃了哑巴亏似的，心里头不舒服。其实忍让不见得就是吃亏，宋代的苏洵说过：“一忍可以制百勇，一静可以制百动。”这句话其实就是告诉你，面对侮辱的时候，忍让是最有效的办法。

胯下受辱在我们看来是绝对不能忍的事，因为中国人自古以来就把膝盖看得很重，让人钻裤裆，简直就是欺负到祖宗头上了。可是在楚汉之争中为刘邦立下汗马功劳的大将韩信，却因为胯下受辱被看成能忍让的典范。

韩信早年穷困潦倒，为了时时铭记自己的志向，他一直随身带着佩剑。淮阴市井有个小混混，看见韩信的佩剑就说：“看你带着佩剑，应该是个习武之人，你来与我较量一番，你若是能杀了我，我不与你计较，你若是杀不了我，那你就从我的胯下钻过去。”市井上的人都在等着看好戏，韩信沉默了一会儿，从这位不知名的混混胯下爬了过去。

面对他人毫无道理的挑衅和侮辱，韩信选择了忍让。当时若是韩信逞一时之快杀了这个混混，难道他就能扬名立万了吗？韩信作为胸有大志之人，怎么会随意计较这些事呢？

韩信后来成为历史上最有名的武将之一。《史记》中记载，萧何评价韩信“国士无双”。韩信率领军队“暗度陈仓”，使关中大部分地区都归顺刘邦；他在刘邦兵败彭城后击退楚军又击败代国，并成功游说燕王归顺刘邦，在刘邦统一天下的霸业中立下汗马功劳。但无论过去多少年，一提起韩信，人们最先想到的还是他能受胯下之辱，然后才想到他以后成就的一番事业：一是因为韩信忍辱负重的气量在他的所有品质中最为人赞许；二是这种难能可贵的品质，正是韩信能成就大事业的关键因素之一。

以忍制敌，远远比无端的发泄来得更加让人赞许，不懂得忍一时之辱的人是难以成就大事的。

汉代司马迁“究天人之际，通古今之变”，写成中国历史上第一部纪传体通史《史记》。然而这部被鲁迅先生称为“史家之绝唱，无韵之离骚”的名著，却是司马迁在大牢之中受到了极为残酷的宫刑之后写成的。

汉武帝派自己的宠妃李夫人的哥哥、贰师将军李广利领兵讨伐匈奴，另派李广的孙子、别将李陵随从李广利押运辎重。李陵带领步卒五千人出居延，孤军深入浚稽山，与单于遭遇。匈奴以八万骑兵围攻李陵。经过八昼夜的战斗，李陵的部队斩杀了一万多匈奴士兵，但最后因得不到主力部队的后援而投降。李陵兵败的消息传到了长安，汉武帝本希望他能战死，却听说他投了降，愤怒万分，满朝文武官员看着汉武帝愤怒，也就跟着指责李陵。等到汉武帝问起史令司马迁的看法，司马迁却尽力为李陵辩护。汉武帝听后怒火中烧，直接把司马迁关进了监狱。不久，有传闻说李陵带匈奴的军队攻打汉朝，汉武帝立刻诛杀了李陵全家，司马迁也因此事被判了死刑。司马迁并不想死，但是按照大汉律法，想免除死刑只有两条路可以走，要不交50万钱，要不接受宫刑。司马迁为官清廉，根本拿不出50万钱，找人去凑也很难，汉武帝正在气头上，谁敢帮他呢？而宫刑又是极为残忍的，受到宫刑，几乎相当于失去做人的尊严。无路可走的司马迁只好选择宫刑。在这种情况下，常人可能会选择死刑，但司马迁却选择忍受宫刑。司马迁曾在《报任安书》中写道："仆虽怯懦，欲苟活，亦颇识去就之分矣，何至自沉溺缧绁之辱哉！且夫臧获婢妾，犹能引决，况仆之不得已乎？所以隐忍苟活，幽于粪土之中而不辞者，恨私心有所不尽，鄙陋没世，而文采不表于后世也……仆窃不逊，近自托于无能之辞，网罗天下放失旧闻，略考其行事，综其终始，稽其成败兴坏之纪，上计轩辕，下至于兹，为十表，本纪十二，书八章，世家三十，列传七十，凡百三十篇。亦欲以究天人之际，通古今之变，成一家之言。草创未就，会遭此祸，惜其不成，是以就极刑而无愠色。仆诚以著此书，藏之名山，传之其人，通邑大都，则仆偿前辱之责，虽万被戮，岂有悔哉？然此可为智者道，难为俗人言也！"一字一句，感人肺腑，虽然受到了难以想象的侮辱，但他为了自己的使命，为了想完成的《史记》，决定以"苟活"的方式保全性命。

《史记》是中国历史上最伟大的纪传体通史，具有极高的历史价值和文学价值。司马迁忍受常人难以忍受的折磨而书《史记》，真可谓是"忍辱负重"了！

唐代张公义在《百忍歌》中写道："仁者忍人所难忍，智者忍人所不忍。思前想后忍之方，装聋作哑忍之准。忍字可以走天下，忍字可以结近邻。忍得淡泊可养神，忍得饥寒可立品。忍得勤苦有余积，忍得荒淫无疾病。”一字一句都在劝告我们，生活中以忍为心法多么重要。

辩解，可能会让你陷入旋涡

大概人人都有被误解，或者无端被攻击的经历吧。我们在生活中要接触各种各样的人，处理各种各样的事，那就免不了会有被误解甚至被诽谤的经历。

误解和诽谤可以激起我们心中的委屈情绪，这种情绪是导致焦躁、愤怒的源头。受了委屈的时候，因为愤怒和焦躁，我们常常会据理力争，想还自己一个清白。但是着急争辩往往是解决事情的方法中最无用的一个，弄不好还会让事情向更加糟糕的方向发展。

20世纪60年代，在美国中西部某州的州长竞选中，有一位非常有优势的候选人。这位候选人曾经是该州州立大学的校长，博学多识，对很多问题都有独到的见解，更难得的是，只要是经他的手处理过的事情，都能得到最好的结果。

这位校长有力的竞争条件为他赢得了众多的支持者，但同样也为他招来了一大批政敌。嫉妒他的人不知道从哪里挖出绯闻，说他三年前在州里的教育大会上，和与会的一位女老师有暧昧关系，而那位女老师是有夫之妇。

这是一个彻头彻尾的谎言，而谎言的目的很明确——散布谣言让他的支持率下滑。

这位校长十分愤怒，因此在以后每一次的选举陈述上，他都要为自己辩解，以证明清白。结果本来只是一个小小的流言，却因为他的义正词严，反而有越来越多的人相信确有其事。在辩论会上，利用这条流言攻击他的对手越来越多，他需要澄清自己的场合也越来越多，结果这件事就这样经由他本人的嘴扩大了，一个月后，由一开始的少部分人讨论变成几乎全州的选民都知道他有这么一桩“丑闻”。

他表现得越气急败坏，越是着急为自己澄清，人们就越是相信确有其事，他的支持率大幅下降。令人心痛的是，他的妻子也开始怀疑他。最后，他不仅在竞选中失败，他的妻子也离开了他，就这样，一个小小的流言让他受到双重损失。

校长是没有做这样的事情，但他的态度却让人怀疑：不是你干的，你干吗这么着急？在一般人心里，觉得只有做了亏心事的人忙着掩盖事情的真相，才会急着要为自己澄清。所以校长的举动起了反作用，一个小小的绯闻扩大成为他事业路上的巨大障碍。

无独有偶，下面的故事，讲的也是着急为自己争辩，结果起了反作用。

2006年，作为外企秘书的丽贝卡被自己的老板在下班时间叫回公司无端责骂。事后才知道，原来是自己的老板被人锁在了门外，但老板不分青红皂白就认定是她干的，除了责备她之外，还写了谴责信抄送给其他同事。

丽贝卡所在的这家外企，就是EMC（易安信）。丽贝卡觉得自己受了很大的委屈，有必要为自己证明，于是她就写了一封谴责信，说明事情的前因后果，并且指出几点：老板忘带钥匙是自己的不对，不管是谁锁的门都不应指责；下班以后是私人时间，老板无权干涉，下属也享有人权，请老板说话注意语气。

写完之后，她想到老板抄送自己的谴责信给所有同事的事，于是她也对自己写的这封谴责信进行大规模抄送，很短的时间内，EMC中国区所有员工，包括北京、成都、广州等地全部收到了这封谴责信，这封信甚至在其他外企里也被广泛传阅。

这样激烈的争辩行为，使丽贝卡受到公平的待遇了吗？没有，她很快就被炒鱿鱼了，而且，因为这次经历，也没有老板敢雇用她了，丽贝卡只好被迫转行。

的确，很多时候不是我们的错，但我们却会受委屈和诬赖，这时我们需要忍耐。不是我们的错我们要承受，这就是吃亏。吃亏以后不争辩，不是我们甘愿被冤枉，而是着急争辩不能解决问题，我们要学会忍耐，控制自己的情绪，找到更合适的方法或者等待更合适的时机。

要知道忍耐比争辩更加有效，这一点，可以看看我国唐代的官员李泌。

在代宗大历年间，元载是朝廷里非常有势力的官员。李泌为官从不结党营私，自然是不愿意依附于元载。元载因此记恨李泌，想要把他赶出朝廷，但又苦于没有借口。正好赶上江西观察使魏少游需要人手，元载就对当朝宰相说李泌不忠，留在朝廷一定是潜在的威胁，宰相听后信以为真，就找到皇上说希望派李泌到江西治理地方，也借此机会观察他是不是真的有二心。

李泌对于自己突然被派往江西的事一下就了然于胸，知道一定是元载进谗言挑拨自己与其他官员的关系，但他没有申辩，而是乖乖服从调遣。李泌到江西后一心埋头干活，几年之后便官复原职了。

其实被他人陷害，李泌不是第一次经历这种事。早在肃宗当太子的时候，当时的权相李林甫就多次陷害李泌，李泌采取避而不争的态度；唐玄宗天宝年间，李泌又遭到杨国忠的记恨被遣送到湖北蕲春县，李泌仍然不怒不争，潜遁名山。

李泌“不怒不争”，因此成就了一段传奇的人生。他侍奉过唐太宗李隆基，做过唐肃宗李亨的老师，当过唐代宗李豫的行军司马，后来又成为唐德宗李适的宰相，可谓志得意满。

李泌一生坎坷，多次遭到他人的陷害，但他用不怒不争的方式避免了很多的灾祸，每一次遭贬之后都能官复原职，甚至升到更高的职位，受到皇上的重视。这在历史上是不多见的。

李泌多次受到奸人陷害而不申辩，不是他软弱，而是他懂得什么样的做法对自己最有利，争辩只能给奸人留下更多把柄，应该先退让求全，然后再寻出路。而他的不报复、不争斗，让他每一次“卷土重来”都能受到欢迎。

忍让的人少是非

人如果怕招灾惹祸的话，心里就会怀有畏惧之心，心里有这种畏惧之心，在做事的时候，就会小心谨慎，就会学着隐忍。

我们生活在社会中难免与人发生摩擦，发生摩擦的时候选择忍耐与避让，必然就是要以吃亏为前提的。虽然谁都不爱吃亏，但有时候，吃一点亏是必要的，懂得用吃亏化解矛盾、避免是非的人，远远比不肯吃一点亏而最终导致是非缠身的人要聪明得多。

有对父子是出了名的不能吃一点亏，和街坊邻居相处的时候锱铢必较，生活中遇上事也是从来不向他人低头，镇上的人都害怕和他们相处。

有一天这对父子家里来了远亲，父亲就打发儿子去集市上买点东西，用来招待客人。儿子去了很久都没回来，父亲等不及，就到集市上去找他。

父亲刚走到城门前，就看见自己的儿子和一个陌生人面对面站着，地上掉了一堆东西，周围还有一大圈看热闹的人。父亲推开人群询问这是怎么回事，儿子一看见他就怒气冲天地把事情的经过讲了一遍。

原来这个陌生人听说父子俩是出了名的不吃亏，就想存心戏弄他们一下，看见儿子提着从集市上买的东西走来，他就故意上前撞到儿子，东西撒了一地。儿子从地上爬起来后，要求这人道歉，还让他把东西捡起来，结果这人却挑衅道："你不是不吃亏吗？我今天就不道歉，看你怎么办。"于是两人就这样站在这里僵持着，谁也不肯先低头，已经站了整整两个小时。

父亲听完儿子的解释，立即拍拍儿子的肩头说："不愧是我儿子，做得好，这样，你先回去陪着客人，我来替你在这里和他比。"于是，父亲就和儿子换了位置，儿子回家陪客人，而父亲则继续站在那里，怒目圆睁和那人对峙着。

这是一则笑话，你听完肯定会嘲笑这对父子不知道退让。的确，和那人计较有什么意思呢？不就是想证明自己不吃亏吗？其实你向人家低头，吃个亏也无妨。你主动低头，人家也会觉得自讨没趣，事情不就结束了吗？剑拔弩张，就是要分个我对你错，正好中了挑衅的人的圈套，晾着家里的客人在这里和陌生人对峙，真是得不偿失。

笑完这对父子，你想起自己了吗？面对别人的事我们站在旁观者的角度很容易看清楚，但是遇上自己的事，我们就往往不能这么理智。一不小心吃了亏，我们也许就会忘记用容忍来避免是非祸患，结果惹上了大麻烦。所以，要把忍让当作一种习惯，在历练中让自己的人格不断成熟，这样我们会越来越平静地面对吃亏。

要明白，素不相识的人冒犯你一定是别有用心的，我们要时时避免自己种下灾祸的种子。

明朝时期，苏州城里有家很大的典当铺，当铺的老板是有名的老实人尤老翁。

这家当铺总是给来典当的人估很高的价，遇上十分困难的还总是赊给人家银子，就是靠着这样的“吃亏经营法”，尤老翁的当铺两年之内就成为苏州城最大的典当行。

一年年末，尤老翁正在后房查账的时候，听见前面伙计正在和人争吵，他赶忙出去一看，原来是城里的赌徒赵老头。尤老翁觉得奇怪，自己和赵老头并无往来，赵老头家中贫寒，也没有在自己这里当过什么东西，怎么会突然跑到自己店里来呢？

尤老翁上前询问，伙计委屈地说：“这个赵老头从来就没有来过咱们店铺，今天却跑来说他前些日子在这里当了衣服，当铺里是有些衣服，我记着您的话，就给他两件，但是他又不给当衣服的钱，您说，这不是找事吗？”

尤老翁听完伙计的话，本着和气生财的信条，先让伙计给赵老头道了歉，接着又把赵老头接到客房，让另外的伙计给赵老头找了几件自己的衣服说：“老人家，我知道过年了，你也要几件体面衣服穿，账房伙计是真的没有查到您的账，这几件是我的衣服，您要是不嫌弃就先穿着吧，这件罩袍可以御寒，这几件棉服也是冬天能用得到，您先穿着，我要是查到账就给您把衣服送去，没查到再赔您银子，您看成吗？”

赵老头拿起衣服，连句谢谢也没说就匆匆走掉了。尤老翁仍是不介意，微笑着送走了赵老头。

早晨刚刚在这里闹过事，下午尤老翁就听到消息，说是赵老头死在了另一家当铺里。那家当铺与赵老头发生了争执，也不知道怎么回事，赵老头就倒地不起，官府派人来查，说是有人下了毒，当铺伙计被抓走了，现在那家当铺正在和赵老头的家人打官司。

官司打了好久，那家典当行也花了好多银子才把事情摆平。原来赵老头这次赌博输大了，输得倾家荡产，于是就喝下毒酒，想找人讹诈一笔，以便还掉自己的债，不让家人有负担。赵老头先盯上了尤老翁，可谁知道尤老翁一再地退让让他没了法子，只好匆匆走掉另找一家。

大家都赞叹尤老翁真聪明，问他怎么想到赵老头会用讹诈这一招，尤老翁说："我哪里能想到那些呢，只是赵老头突然冒犯，一定是遇上了什么事，要是没遇上事，也是有人在背后撑腰，所以就吃个亏来避免是非而已。"

尤老翁明知道是赵老头无理取闹，还是以容忍之心退让，结果避免了一场灾祸。《菜根谭》里说："祸不可避，去杀机以为远祸之方而已。"陌生人的冒犯一定有他的原因，说不定是他碰上了什么烦心的事情，行为失控，正好让你给赶上了，这个时候容忍，就能避免事情进一步恶化。若是他人有意挑衅，就更不能意气用事了，吃一点亏，是避免祸患的最好方法。

别让一时之气毁了你

我们常常劝人要忍，可是世界上这样那样的窝火事总是不断，尽管提醒自己要忍要忍，但吃过亏后往往咽不下这口气。刚刚吃了哑巴亏，身边的人劝你冷静，你很有可能会十分生气地说一句："实在是忍不住了！"

吃亏后，生气是正常的心理行为，有这种"咽不下这口气"的想法也是可以理解的，但你有没有想过，人在盛怒之下是很难做出理性的判断的，带着这种情绪，我们很可能错估事情的形势，做出违背常规的行为。连基本的判断能力都失去的时候，哪还能有正确的处理方式可言呢?

有着"中场大师"之称的齐内丁·齐达内是法国国家足球队前队长。人们说他是"法国球王"，是和罗纳尔多齐名的世界上最伟大的球员之一。这样一名伟大的球员，却是以被红牌罚下为自己的职业生涯画上了句号。

2006年7月10日凌晨，德国世界杯决赛在柏林举行。比赛开始不久身为法国国家队长的齐达内就制造点球帮法国队取得了先机，而后马特拉齐破门将比分追平，两队僵持了整场分不出高下，比赛进入加时阶段。虽然比分持平，但是法国队一直处于攻势。比赛进行到第109分钟，齐达内突然转身用头顶撞击跟在他身后的意大利球员马特拉齐，马特拉齐倒地不起。主裁判在与第四官员商议后，决定给冲动的法国队长出示红牌。队长被罚下，整个球队失去了主心骨，原先的进攻态势被迫改变，在最后的点球大战中，士气低落的法国队以4：6输给了意大利队，与世界杯冠军失之交臂。

据赛后采访，原来马特拉齐盯防齐达内时，在他身后说出了侮辱齐达内母亲和妹妹的话，于是齐达内一怒之下就用头顶了马特拉齐。

作为一名传统中场，齐达内的脚法无人能及，他的盘带技术、任意球技术都达到世界足坛的顶峰，更不用说他那经典的勺子点球、凌空抽射，被人们津津乐道很多年。作为法国足球史上令人骄傲的悍将，这场比赛，不仅是齐达内职业生涯的最后一次世界杯，也是他作为一名职业足球运动员生涯的最后一场比赛。这样一位伟大的球员，一生收获荣誉无数，却在职业生涯的最后一场球赛中被红牌罚下，引来无数球迷扼腕叹息。

家人被人用言语侮辱，确实是令人气愤的事，但这是赛场，取得最后的胜利才是最好的反击。齐达内盛怒之下撞了人，不仅给自己的职业生涯添上了遗憾的一个结局，更是在关键时刻让法国队士气低落，失去一个重要的中场，最终法国队输掉了比赛，丢掉了本来可能属于他们的荣誉。

尽管赛后面对媒体的指责和球迷的质疑齐达内道了歉，但错误犯下了就不可能挽回，这位伟大的中场大师为他没能控制住的愤怒付出了代价。

生活中处处是矛盾，哪能不遇上生气的事呢？很多时候你对了别人错了，但那也不是你可以发怒的理由，发怒不仅解决不了问题，还会使问题变得更糟。

明朝时期有个大理寺少卿叫李三才，因为对皇帝不满，一次上朝时他愤怒地对明神宗说："皇上爱财，也该让老百姓得以温饱。为了私利而盘剥百姓，有害国家之本，这样是不行的。"这样直接的说辞让明神宗在文武百官面前下不了台，于是李三才被罢了官。李三才本是个贤才，为官清廉，一直主张为老百姓减除税收。被罢了一次官，李三才没有放弃，很快东山再起，但他的脾气害他得罪了许多人，没多久就被再次罢官发放回了老家。

回到老家的李三才被朝中奸臣诬陷，说他盗窃皇木，又说他用人存有私心，皇上不明真相，但也没有就听信一家之言处罚他。李三才自己却觉得受到了莫大的委屈，他上书皇帝，奏折中处处表现得愤怒异常，话语里处处指责皇上听信谗言不辨忠奸。本来没太放在心上的明神宗这下可是真的受不了他了，下旨褫夺他的一切封赏，这下李三才再也没有反驳的机会了。

李三才觉得自己受了气，因为自己是对的，所以就不能忍，结果呢，不但没得到公平的结果，还因为他一而再再而三的过激行为激怒了皇上，最后落得更惨的下场。

遇上这样的事，有生气的情绪是可以理解的，但不懂调节情绪乱发火就是傻。我们应该先让自己冷静下来，然后思考最有利的解决方法是什么，让更理智的思维来支配我们的行为。

而且，从生理学上讲，发怒是最损害身体健康的行为，中医上讲：怒皆由气而生，气和怒是两个孪生兄弟。由怒忿不平到怒火勃发，怒气会使"血气耗，肝火旺"。时常发怒会损害肝脏，这已经成为大家的共识。发怒还会伤害心脏，患有高血压、心脏病的人，医生常常告诫他们不要发怒。中医里养生有一条，就是保持心态平和，千万不要发怒。你看《三国演义》里的周瑜，不就是被诸葛亮气得口吐鲜血而亡吗?

赤壁之战之后，周瑜打下荆州，却被诸葛亮抢先夺走，这是第一气。在诸葛亮手上吃了亏，周瑜就想用计夺回荆州。于是便趁刘备夫人去世，提议将孙权的妹妹嫁给刘备，趁机将刘备扣下，以讨回荆州。谁知诸葛亮又识破了他的计谋，顺水推舟地让刘备成了亲，又用计谋将刘备夫妇接出，周瑜亲自率兵追赶，却被黄忠等人逼得无路可走，蜀军齐声喊道："周郎妙计安天下，赔了夫人又折兵！"带有明显嘲弄意味的话语把周瑜气得金疮崩裂。这是二气。周瑜派鲁肃多次讨还荆州未果，就假借替刘备收川之名想夺取荆州，此计被诸葛亮识破，就在周瑜上岸时安排了几路人马，到处喊着活捉周瑜，这下把周瑜给活活气病了。这是三气。周瑜兵败后回到家，几欲昏死，最终吐血而亡。

周瑜没拿到荆州，还被贴上了"心胸狭窄"的标签。你说你已经在别人那里受了委屈，结果自己一生气还伤了身体，真的应了那句"赔了夫人又折兵"了。这些在怒火之下一时冲动的人，哪个最后不是害了自己？虽然你觉得忍不住了，但只要冷静下来，你就会发现，没什么大不了。

小委屈，当然要让路大目标

我们说忍耐是一种十分可贵的品质，它的可贵之处，就在于当我们遭受侮辱、误会、挑衅等不公平待遇的时候，我们选择了隐忍和不反抗，这并不等同于软弱，相反，这是我们内心强大的体现。

美国发明家塞勒斯·菲斯特·菲尔德曾一度被人认为是骗子，他在谣言和指责中一直忍耐着，坚持完成自己的研究。

19世纪50年代，以造纸业起家的菲尔德在历经艰辛后成为一名非常成功的商人，但这没有让他满足，这位充满野心的发明家真正的梦想是建造一条穿越大西洋，连接欧美两洲的海底电报电缆。这个梦想如果实现了，那就是足以改变美国通信历史的大事件。

菲尔德做好一切计划，投入无数的资金，但电缆的铺设却屡屡不顺，刚刚开始铺设，就连续遭遇了两次失败。1858年，这条电缆从大西洋中部分两头开始进行第三次铺设，这次运气似乎很好，当年八月，英国维多利亚女王致美国总统的贺电就通过电缆清晰地传了过来。但是，不久电缆却再次因为故障停用。

经过前两次的失败，一开始对电缆抱有希望的人们就已经失去信心，而这次的故障则直接引起了人们的愤怒，指责和怀疑纷纷指向菲尔德。更可气的是，一无所知的媒体开始造谣，甚至攻击菲尔德私吞资金，导致电缆铺设不成功。

面对流言蜚语和指责，菲尔德没有站出来为自己说一句话。他知道，自己并没有做那些事情，而电缆的失败，一定与某些电信技术条件的限制有关，但具体的原因是什么，需要时间排查。现在出去为自己解释，只能浪费时间，不如忍耐，全身心投入研究。

1865年，在浊浪中被围攻7年的菲尔德终于找出了全新的方略，在一片谩骂声和压力下重新开始这项工作，这一次，他完全成功了。1866年，美洲和欧洲实现了电报通信，所有的流言全部不攻自破。

媒体用闲言碎语制造新闻，炒作话题，伤害他人，不明真相的众人群起而攻之，面对这种情况，只有顶住压力用成功来说明一切，才是最稳妥有效的方法。菲尔德知道这个道理，所以他才顶住压力忍受着，因为他心中有更大的目标，这个目标就是他勇气和动力的来源。你能说菲尔德的忍耐是软弱吗？当然不是！只有真正勇敢的人才会这样，经受得了打击并且在这样的打击中重新站起来，面对他人的误会仍然坚持自己的目标，这是内心的强大！

一家美国电子公司驻中国的首席代表在例行检查中发现一名下属偷工减料，总是不按规定完成工作，于是他就严厉批评了那位下属。谁知几天以后，这位下属怀恨在心，写了一封匿名信到公司在美国的总部，诬陷这位首席代表不按公司章程办事，总是给下属穿小鞋，总部立刻派人对这位首席代表进行监督检查。这位首席代表非常生气，但冷静下来后，他想到了自己的求学经历。

他大学毕业后到美国求学深造，那时候常常要打好几份工来贴补生活费。到美国的前三年，他一天的假都没休过，甚至连圣诞节也是排满了日程。那时候那么辛苦，就是因为自己对计算机十分感兴趣，而国内的技术落后，不能为自己提供好的深造环境，自己想着出去把好的技术引进国内。现在好不容易到这样一家大的电子公司，还没能实现和国内公司共享技术的目标，自己应该更加努力，而不是计较这些东西。

想过之后，这位首席代表决定采取不为所乱的对策。对于那位下属并不报复，也不找公司为自己进行申辩，而是配合检查，努力完成自己的本职工作。

很快调查结果就出来了，首席代表被还以清白。并且由于他这段时间的表现，公司对他更加信任了。没过多久，他就被提升为副总裁，专门管理与中国公司交接技术的事务。

我们的忍耐，必然是要以吃亏为前提的，但当我们有更重要的理想和目标时，那些吃的亏就变得不足道，甚至成为滋养我们成长的东西。这就是因为我们心中对更高目标的执着会成为新的天平，在遇到事情时，这个天平做出的衡量与没有目标时完全不同，有了这样的天平，我们就不会觉得吃亏是难以忍受的事，就能够坦然地面对和接受，只一心想着自己的目标。

孔子带着自己的弟子们游说各国，想要把自己的治国主张推荐给君王，让他们施行仁政，避免战争。但是春秋时期，所有的国家都忙着扩张地盘，处于这样的乱世，没有一个国家的君王愿意听从他的意见。

游说到郑国的时候，孔子和弟子们走散了，他就站在城东门等候。孔子的弟子子贡向郑国人询问孔子的下落，郑国有个人明明看见了，但是他想要羞辱孔子，就对子贡说：“我在城东门看见一个站着的人，长得奇形怪状，就像丧家之犬一样。”

子贡找到孔子，对刚才那人说的话很生气，把那人说的话告诉了孔子，谁知孔子一点也不生气，反而不以为然地说：“说我像丧家之犬，现在看我的情况，也确实是属实啊。”

孔子带着自己的政治主张周游列国，一路被拒绝，还常常要讨饭吃，此时正是遭遇困难的时候。面对郑人的讥笑，反驳回去并不能受到尊敬，反而让人家觉得孔子没有气量。再说和那样的路人斤斤计较，要到什么时候才是个头呢？对于孔子而言，重要的不是向路人证明自己的什么，而是说服君王接受自己的观点，真正为乱世中的百姓做一点事。

他人的侮辱、诋毁、讥笑，可能是使我们遭受挫折的“石头”，也可能是伤害我们自尊心的利器，但当我们有真正重要的事情要完成的时候，我们就能从心理上克服他人的伤害带给我们的怒火，就能学着忍耐，在忍耐中历练我们的心性和毅力，以达成我们的目标。

第三章

原谅别人，其实是在解放自己

冤冤相报何时了

宽容是一种涵养。对别人宽容体现着你的从容自信，是风度；对别人宽容体现着你的宅心仁厚，是善意。用宽容取代愤怒，可以化干戈为玉帛；用宽容代替报复，可以化戾气为祥和。

金大中在他七十四岁高龄的时候，击败所有对手就任韩国总统。上任之后，金大中设宴在总统府招待了四位前任韩国总统，这四位，正是在他漫长又曲折的政治生涯中无数次迫害他的政治敌人。

1971年，时任韩国总统的朴正熙在大选中大规模舞弊以谋求连任，而首次参选的金大中却一下子获得了540万张选票，让朴正熙的阴谋差点泡汤。尽管朴正熙以微弱的差距险胜，但这次大选让他看到了金大中的威胁，于是下决心除掉金大中。1971年8月，朴正熙在金大中前往光州的路上制造“意外车祸”，在这场车祸中，金大中的骨关节遭到严重损伤，从此变成了“跛行人”。车祸未能杀死金大中，朴正熙就又让中央情报局策划了一起绑架案，想要将金大中碎尸沉海，由于事情进行得并不顺利，金大中有幸捡回一条命。迫害远远没有结束，1976年，朴正熙又制造莫须有的罪名，通过宪法将金大中逮捕，一判就是五年。

朴正熙的政权终于在政变中走到了末路，经历了崔圭夏的短暂统治，全斗焕最终赢得了总统的位置。全斗焕上任，金大中的日子却并没有因此而好过，他被控告策划谋反，以“叛国罪”的名义受审。200多人因为这次的审判受到牵连，全斗焕用刑残酷，他们都受到了不同程度的酷刑，如水刑、电刑，而金大中本人则以“阴谋内乱罪被判处死刑”。他的政敌一定要取他的性命，金大中只好寻求美国方面的帮助，由于美国施压，金大中由死刑改判死缓，但韩国是待不下去了，迟早会丢掉性命，他只好离开家乡，流亡美国躲避灾难。1984年，金大中回到韩国，但是他仍然没有人身自由权，不仅仅是他自己，家人也受到牵连，一家老小都生活在政府的监视中。

1987年，重获自由的金大中再次参选，输给了卢泰愚，1992年又败在了金泳三手下。这两任总统也没让金大中好过，受过无数次迫害的金大中为了明哲保身便辞去国会的职务，对外宣布退出政界。1998年，已经74岁高龄的金大中再次参选，这次，他击败了所有对手实现了自己的总统梦。

当上总统之后，金大中并没有立即报复曾经迫害过他的政敌们，而是设宴款待，以实际行动告诉他们，仇恨该结束了，让惨无人道的政治迫害到此结束吧。

金大中屡遭迫害，心爱的妻子也撒手人寰，但他却从未放弃民主斗争，2000年，这位促成了朝韩两国首脑会议的伟大总统获得了诺贝尔和平奖。在韩国，金大中被称为“忍冬草”，人们敬佩他那罕见的勇气和不可动摇的信念。但更让人敬佩的，是他宽广的胸襟，在被迫害和流亡中没有被仇恨蒙蔽双眼，而是更加大度，更加宽容。在被判处死刑的时候，金大中曾亲自立下遗嘱，要求家人们不要为他报仇，这样的胸怀，怎么能不令人肃然起敬？内心的平和与宽容，是金大中无论经历什么都能平静面对的制胜法宝，这样的性情，造就了韩国历史上的一个传奇总统。

马克·吐温说："紫罗兰把香气留在那踩扁了它的脚踝上，这就是宽恕。"宽容是给别人一个机会，也是给自己带来平静。宽宏大量可以省去不必要的麻烦。

子贡问孔子，有没有一个字可以一生奉行的，孔子回答他，大概这个字，就是"恕"吧。恕，就是原谅，就是宽容。

二战期间，两位来自同一个乡村的年轻士兵在和纳粹激战后与队伍走散了。两人迷路的地点是一片树林，树林很大，一时之间根本无法走出去。

激烈的战斗后遇到这样的事，两人只好相互安慰鼓励，希望早日找到能救自己的人。谁知十几天过去了，二人还是未能走出树林，身上的食物早在几天前就吃光了，由于战争，树林里的动物也都奔走逃散，别说走出树林了，连活下去都很困难。

天无绝人之路，两天以后，他们幸运地遇上了一只小鹿。猎杀这只小鹿以后，两人因为有可以支撑几天的食物兴奋不已。但幸运只是一时的，过了两天，鹿肉只剩下一半了，没有新的食物出现，也没有发现能走出树林的路，两人再次面临生存的困境。

两人一前一后地走着，走在前面的士兵身上背着仅剩的鹿肉。突然一声枪响，背着鹿肉的士兵中枪倒下了。后面的士兵随即跑了过来，用自己的衬衫为受伤的战友包扎，他表现得很惶恐，好像又遇到了新的敌人一样。夜里，受伤的队友伤口不断恶化，眼看就性命不保。就在两人都绝望的时候，幸运终于眷顾了他们，他们的队伍在树林里找到了他们，并把他们救了出去。

事情过去了30年。当初受伤的那个士兵早已经结束战争回到家乡，当他回忆起这件事的时候，说了让所有家人都吃惊的话，他说："我知道那一枪是谁开的，就是和我患难与共的兄弟，他走在我后面，想到我们艰难的处境，就想独吞我肩膀上的鹿肉，所以他开枪击中了我，这真是令人难以置信，但它就是这样发生了。"

是啊，真令人难以置信，更令人难以置信的是，当时这位被击中的士兵就知道了真相，因为在树林里另一位士兵帮他包扎时，受伤的士兵发现对方的枪筒还冒着热气。但是受伤的士兵却没有把这件事说出来，而是装作毫不知情，此后30年里依然像最好的朋友那样对待伤他的人。

这位受伤的士兵说过，因为纳粹的存在，大家都是背井离乡的可怜人，每天赌上性命期待和平，没有战争就没有这些悲剧，对我开枪的他也是战争的受害者，战争还没结束他的母亲就离他而去了。我的心中没有仇恨，只有同情，他跪下来哭着求我原谅他的时候，我拥抱了他，我要让他知道我并不恨他，不要他抱着愧疚生活，好不容易战争结束了，我们应该好好享受和平的日子。

这位士兵是真正有胸怀的人，抱着同情的心原谅了他的战友，让双方都能没有愧意地度过下半生。

宽容是一种善良。在莎士比亚的名剧《威尼斯商人》中，有一段台词："宽容就像天上的细雨滋润着大地，它赐福于宽容的人，也赐福于被宽容的人。"这位士兵与金大中总统都是用善意回报伤害，报以同情，报以宽容，体现着伟大的人性光辉。

“唾面自干”不是没出息

苏联卫国战争期间，发生过一件奇事。在火车上一位老将军向一个年轻人大喊大叫，但最后两人却成为好朋友。

事情发生在晚餐期间。老将军正和年轻的士兵一起吃饭。老将军看着年轻的士兵，想起前方的局势，心中烦恼，于是就开始唠叨，从最高层对局势的判断一直唠叨到指挥部的人员派遣。

聊到指挥部人员派遣的事，老将军突然想起眼前的年轻士兵就是指挥部派来的，于是就不愉快地发声道：“凭什么派你跟我一起来啊，指挥部大概是派你们这帮小娃娃来监督我的吧。”年轻的士兵安静地听着老将军的抱怨，并不应答。老将军越说越火，直接把怒气撒到了眼前这位年轻的士兵身上：“你们还在桌子底下跑的时候我就已经领着军队打仗，为了给你们建立苏维埃政权奋斗呢！现在你们从军事学院出来了，就自以为了不起了是吧？闹革命开始的时候，你才几岁啊？”年轻的士兵并不生气，只是老实地顺着话回答：“革命开始的那一年我刚刚十岁。”老将军看着士兵面对自己的挑衅还彬彬有礼的样子，心里更加不舒服了，直接说：“睡觉吧，外交家。时间会证明你是一个怎样圆滑的人。”年轻的士兵还是有礼貌地笑笑，听话地去睡觉了。

其实这列火车是从苏联驶往波罗的海的，车上坐的，都是苏联派去协调第一、二方面军行动的将领。抱怨个不停的老将军，正是苏联有名的将领铁木辛哥。而那位有礼貌的年轻士兵，就是后来赫赫有名的将领什杰缅科。当时正值苏联卫国战争初期，德军明显占据优势，什杰缅科被调去和铁木辛哥共事，这位年轻的将领并不是圆滑，只是觉得这件事不值得计较罢了。

什杰缅科对于这样的挑衅根本不在意，就这样和铁木辛哥一起共事了一个月。在这一个月里，铁木辛哥渐渐发现他是一个胸有大志的孩子，也十分有才华，开始喜欢上了这个后辈。铁木辛哥对什杰缅科说：“我之前以为你是斯大林派来监视我的，但现在我知道，你并不是我原本以为的那种人。”什杰缅科说：“谁都有可能遇上晚餐前的抱怨，这没什么。”后来什杰缅科被调走，铁木辛哥还亲自写信要求将这个晚辈调来共事。

“遇上有人想欺负你，那就让他欺负就是了。”要是有人这样对你说，你一定以为这个人有病吧。乖乖让别人欺负，凭什么？其实，这样劝诫别人的人，不仅没病，而且还德高望重，他就是唐朝的大师娄师德。娄师德曾经劝诫他的弟子说：“要是有人向你的脸上吐唾沫，不要用手擦干它，也不要生气，就让它自然地风干，不要负了吐唾沫的人的意思。”

娄师德的话，不是说要让我们唯唯诺诺地任人欺负，而是吐唾沫不是一件大不了的事，对于这样无关紧要的小事，我们不妨不去在意，让它自然而然地过去就好了。为这样的事生气纯粹就是自找不快，斤斤计较也是十分划不来。

古希腊有名的哲学家第欧根尼，有一次赤脚行走，弄得满脚是泥的时候来到柏拉图家中，把柏拉图的地毯踩得一塌糊涂，一边踩还一边说，我在践踏柏拉图唯一引以为荣的东西。柏拉图只是笑笑说：“你留在我毯子上的泥，更加珍贵，所以我是得到了更珍贵的东西。”

谁吃亏了呢？你一定觉得是柏拉图吧，其实对于第欧根尼的行为，柏拉图根本就不在意，连在意都不去在意，又怎么能感觉到自己吃亏了呢？《增广贤文》上说：“福不可邀，养喜神以为招福之本。”这句话是说，享受幸福的唯一方法就是让自己保持愉快的心情。而快不快乐，其实完全由你自己决定。

生活中哪来那么多国仇家恨的大事，更多的是鸡毛蒜皮的小事。我们与人交往遇上的多半也是微不足道的摩擦，这些摩擦天天都有，如果事事计较，不就一直使自己处于不愉快的境地吗？

杨杏佛因为鼻子很大，胡适给他取了个外号叫“杨大鼻子”，天天这么叫着，在朋友间流传得很广。

一次，胡适来拜访杨杏佛，恰巧他不在，胡适等急了，实在无聊，就索性提起笔写了一首打油诗《致杨大鼻子》：

鼻子人人有，唯君大得凶。
直悬一宝塔，倒挂两烟筒。
亲嘴全无份，闻香大有功。
江南一喷嚏，江北雨蒙蒙。

杨杏佛回家后，看到来人留下的讽刺自己大鼻子的诗，连连拍手叫好道：“好诗！好诗！”

杨杏佛大度地面对来访友人的戏弄，就是因为这完全无伤大雅，即使是友人有意讥笑，也完全没有必要计较。

杨杏佛的好友胡适，也是一个面对非议毫不在意的人，如果说杨杏佛的大度是面对好友，那胡适的忍让就是面对对手。

胡适在给友人的书信里写道：我受了十余年的骂，从来不怨恨骂我的人。有时候他们骂得不中肯，我反而替他们着急，有时候他们骂得太过火，反而使他们自己的名声受损，我还会替他们感到不安。要是骂我能让他们得到益处，那不就是我间接于他们有恩吗？我自然是愿意让他们骂的。

胡适先生一生中多次受到攻击，但他身处浊浪却毫不在意，还能写出这样豁达的句子来，足见他的沉稳与大气。

面对他人的谩骂和欺负，无伤大局就无须介意，我们不妨把吃这点小亏当成调味剂，学着像杨杏佛和胡适那样自我调侃，谈笑风生间给自己一个平和快乐的心情。

在现实生活中，总听到有人抱怨自己过得不顺心，不是这个人对不起他，就是那个人对不起他，其实仔细一听他的抱怨，不过都是一些无须在意的小事，就是太过计较，才导致他的心里总是不平衡，感觉人人都欺负自己，亏欠自己，结果把自己快乐的心境失去了，日子过得好像在地狱里一般。

你的快乐来自你的内心，你的内心若是豁达，天地自然就宽了，是非自然就少了。

别急，给人反省的时间

对于他人的错误多给予包容，可能眼前看起来吃亏，但终究是不会吃亏的。因为人人都有反省之心，你的包容其实就是给对方一点反省的时间，让对方能够对自己的错误有所认识。等到对方认识到自己的错误，也就会对你怀有感激和愧疚之心。常常这样，人与人之间的关系非但不会冷淡，反而会变得更好。

有两个年轻人，一个叫胡常，一个叫翟方进，他们曾经在一起求学，经过几次考学，两个怀着报国梦的年轻人都如愿以偿进入官场。

胡常做官做得早，等到翟方进进入官场的时候，胡常已经有了很多门生，成为小有名气的人。但是没过多久，胡常就发现翟方进在各个方面的名声都比自己好。明明是一起求学，成绩也都差不多，自己又早为官，为什么会有这样的差距呢？胡常猜测是翟方进巴结权贵使自己失宠于上司，于是就常常在他人面前说翟方进的坏话，传出翟方进巴结权贵的流言。

翟方进从来没有巴结权贵，也没有害胡常失宠。但对于同门的妒忌中伤，他并不生气，只是可惜本来交好的两人不再来往。

胡常不搭理翟方进，翟方进就自己派人到胡常的门下去听课，时时虚心请教他问题，与同僚在一起，也总是说胡常的好话，赞扬他学术精进，课讲得比自己好很多。胡常听说后，知道这是翟方进在暗暗地推崇自己，并且通过这段时间的观察，翟方进也确实没有做出巴结权贵的事来，胡常心中愧疚，主动向翟方进道歉，并且在官员中不断说对方的好话。不久，之前对翟方进不利的流言就统统消失了。

翟方进非常聪明，他采用了“你不过来我过去”的做法，不仅为自己扫除了流言，还保住了一个要好的朋友。一时看起来他又对对方低头又受到对方的中伤是吃亏，但终究还是没吃亏，名声回来了，朋友也还在。

《忍经》里记载了陈嚣宽容他人错误的故事。

陈嚣是浙江绍兴人，平日里以心胸豁达出名。以前有小偷偷他的鱼，陈嚣佯装不知，还把鱼送给小偷，小偷十分愧疚，从此再也没偷过东西。

陈嚣的邻居名叫纪伯，平日里爱占小便宜，一天趁着夜色，纪伯把两家挨着的篱笆拔起来向陈嚣家挪了挪，以便增大自己家的土地面积。

纪伯拔篱笆的时候，陈嚣就在旁边，但他没有出声，而是等纪伯走了之后，又把篱笆向自己家挪了挪，让纪伯家的地方更大。

纪伯本来担心陈嚣发现后会把篱笆挪回来，结果却看到自己家的地方更大了，这才意识到是陈嚣知道了自己的行为，没有怪罪自己，还给自己让地。纪伯很惭愧，把霸占陈嚣的地全数还给他，还又往自己家里移了两寸，以表示自己的歉意。

不去苛责别人的错误，并不是陈嚣软弱。既然纪伯偷偷移动篱笆，那一定就是想要占地。陈嚣站出来指责，也许可以要回自家的地，但纪伯也会因为被发现而恼羞成怒，免不了一顿争吵，邻里关系也会紧张。陈嚣主动让地，既让纪伯知道了自己已被发现，又让他感到陈嚣的大度，自然就会产生愧疚心理，在这种情绪的引导下，自然就会改正错误。陈嚣只是一时吃亏，但最后既没有丢掉地，还保全了邻里关系，纪伯甚至主动让地表示歉意。所以说，主动宽容他人，一时吃亏，终究不吃亏。

在一家五星级酒店里，一位顾客突然愤怒地嚷嚷起来，要求刚才给他上菜的服务员过来解释。

服务员赶忙过去查看，只见顾客指着刚刚送上来的牛奶说："你看，你刚才端上来的牛奶坏掉了，全部结成了块，我的果汁全部都糟蹋了！"

服务员一看情况，立马明白是这位先生把牛奶和柠檬同时加进了杯子里，才导致结块现象，像坏了一样。服务员微笑着道歉："对不起先生，我们现在就给您换掉。"

"你们的牛奶这样，谁知道菜还能不能吃呢？我要求换菜！这样的菜吃着实在是不放心！"顾客继续无理取闹。

周围的人有点看不下去了，但是那位服务员却始终保持微笑，一边道歉一边说："好的，我现在就把菜端下去，等一会儿给您上了新的牛奶，您再点菜好吗？"服务员态度温和，顾客也不好继续吵嚷，态度冰冷地答应下来，就让服务员把菜端走了。

一会儿，服务员端着新的牛奶和红茶来到顾客面前，微笑着说："先生，您的牛奶红茶到了，请您先饮用，我马上送来菜单。"

服务员走后，这位先生拿起牛奶准备倒进柠檬中，发现放牛奶的杯子底下压着一张小纸条，纸条上写着：先生，牛奶和柠檬兑在一起会发生结块反应，请您在牛奶和柠檬中择一加入红茶。

这位先生看完纸条，脸立马就红了，他知道这是服务员好意提醒自己，也就是说，刚才的牛奶并没有坏，而是自己的问题。他十分感谢那位服务员的做法，不但没有指责自己，为自己保全了面子，还善意提醒，为自己换了新的饮料。

当那位服务员再次出现时，这位顾客真诚地向她道了歉，并且让她把撤下去的菜都端了回来，走的时候还在顾客满意度调查中，给了这位服务员最高的评价。

顾客不知道牛奶不能加柠檬的常识，在五星级酒店内发起火来，服务员完全可以当场指出，不去理会他的无理要求，可是服务员却不厌其烦地提供额外服务，在顾客冷静下来以后，用委婉的方式指出他的错误，给他自己思考和反省的时间。这样处理，避免了不必要的麻烦，还让事情得到了完美的解决。

如果别人的错误让我们吃亏，不要忙着指责，用主动退让的方式给对方一点时间，让对方能够冷静、反省，这样可以避免很多不必要的麻烦，也会让人与人之间的关系更进一步。

怨恨是牢笼

当我们受到伤害，被迫吃亏时，我们就会产生可怕的报复心。因为吃亏之后，我们总是觉得不公平，为了求得公平，我们就会产生愤怒和想要报复的念头。但是这种愤怒和报复的念头，往往折磨的是我们自己。

印度诗人泰戈尔讲过一个故事。

有一位人物肖像画画得非常好的画家，他的父亲因为被冤枉进了监狱，审判官未弄清真相就判了死刑，画家的父亲就这样冤死了。后来真相大白，画家知道自己的父亲是无辜的，从此就非常痛恨那个审判他父亲的官员。

事情过去很多年后，有一次这位官员偶然走进了画家的店，看见一幅肖像画，官员十分喜欢，就想要买下这幅画。画家认出这正是当年那位审判官，于是就把画用布盖起来，说自己不出售。官员很喜欢这幅画，又上门求了好几次，每一次都把价钱抬到更高，可是画家仍然不愿意出售，每次官员来的时候，他还要讽刺一番。最后官员只好让自己的父亲来买那幅画，画家仍然不愿意出售，还态度恶劣，最后，他还让官员的父亲转告官员，这就是对他的报复。

这位画家习惯每天早晨起来画一幅肖像画当作练习，但这段时间由于他老是想着怎样报复官员，渐渐无法专心作画了，有时候随手描出一幅肖像，也总感觉哪里不对，这让他十分苦恼。直到有一天，他在工作室对比自己这段时间以来的画作时才发现，原来自己现在无论画什么人物，都带上了官员的影子。那眼睛、鼻子、嘴巴，分明就是照着官员的样子画出来的！由于他太想着报复官员，不知不觉就满脑子都是那官员，自然无法再完成特征明显的肖像画。画家惊呼："我的报复报复到自己头上啦！"

画家执着于报仇，终于影响到自己的创作，他的报复没能给他带来快乐，反而招致苦闷。他觉得不卖给官员画作，每天在官员来的时候就羞辱他，是自己在报复，其实他这样做给自己增添了无尽的烦恼。

总是计较的人，就好像使自己的人生绷紧了弦，时时得不到放松，不宽容他人，自己也被勒得伤痕累累。其实我们最终要求的，并不是吃亏以后的公平，而是能够放下一切的平静。那才是能给我们带来快乐的东西。

要得到这样的宁静，就要学会宽恕他人。智者知道，宽恕不仅是一种难能可贵的美德，还是善待自己的方式。宽恕可以让我们放下愤怒，放下怨念。

有一位要远行的小沙弥，刚一出门就被一位身材高猛的大汉撞了个趔趄，不仅被撞得头晕眼花，还被旁边的树枝划破了手掌。大汉怕小沙弥赖上他，就先开口埋怨说："谁让你走路这么匆忙？我这么大块个人，你没长眼睛吗？"小沙弥没说话，也没有怪罪这位大汉，只是笑了笑。大汉仿佛有了惭愧之心，不好意思地问道：“我撞了你，你怎么一点也不生气？”

小沙弥很平静地说：“既然已经这样了，生气有什么用呢？生气又不能让手上的疼痛减轻半分，也不能让伤痕愈合，相反，生气只能激化心中的怨气。如果我对你恶言相向，或动用武力，即便打赢了你，也会种下恶缘，到头来输掉的还是我自己呀。”小沙弥还为大汉开脱说：“若是我选择走别的路，或是早出来或晚出来一分钟，都会避免相撞。或许这一撞就化解了一段恶缘，还要感谢你帮我消除业障呢！”大汉听了小沙弥的这段话，觉得很是惭愧，连忙向他道歉，并记下了小沙弥的联系方式才离去。

几个月过去了，有一天，小沙弥突然接到这位大汉寄来的10000元钱，但不知缘由。原来，大汉一心忙于经营事业，婚后冷淡了娇妻，造成家人不和、后院失火。在得知妻子竟然做出出轨的事后，大汉怒火中烧、报复心起，冲进厨房拿起菜刀，想将妻子杀掉。

不料，大汉在举起菜刀的一刹那突然想起了与小沙弥相撞时的一幕，想起小沙弥说的“生气有什么用呢？”，事情已经发生了，杀了对方反而会让事态更糟，于是，他放下手里的菜刀，学着像小沙弥那样反思自己的不足之处：好长时间没有陪伴妻子了，是自己冷淡了她，这一切明明是自己造成的，怎么可以怨恨妻子呢？从此以后，大汉不管自己事业上多忙，都要抽出一点时间陪陪妻子，两个人感情越来越好，生活越来越幸福，事业也更见起色。大汉很感谢小沙弥让他学会了用宽恕的心态处理人际冲突，从而赢得了美满的家庭，所以特寄来10000元钱，聊表谢意。

小沙弥用自己的行为传递给大汉宽恕的力量，让大汉懂得宽恕不是软弱，而是一种惠人惠己的力量。

宽恕的受益者有两个，一个是被宽恕的人，一个是施以宽恕的人。得到宽恕的人会因此而幸福，施以宽恕的人会因此放下怨气，化解愠怒，重新得到平静。不宽恕别人，就是把自己捆绑在仇恨与愤怒中，给自己建造束缚内心的牢笼。多宽容别人，你会得到心灵的释放，原谅了对方也就解放了自己。

把自己从怨恨中解脱出来

在中国人的古语里，有很多宣扬报仇观念的句子，比如说“君子报仇十年不晚”“血债血偿”等。我们在生活中也是常常有这样的心理，被人侮辱、被人欺负的时候一定要讨回来，否则就觉得对自己不公。但是也有话说“冤冤相报何时了”，报复的结果最终只能是互相伤害，倒不如放下仇恨，用海纳百川的胸襟原谅他人。宽容拥有着仇恨所没有的能量，那是正义也是自信的力量。

2014年4月17日，英国《每日邮报》报道了一则新闻，一位伊朗母亲亲自将杀死自己儿子的罪犯救下了绞刑架。

这位囚犯，今年刚刚26岁，生活在伊朗北部一个叫作努尔的小城市。2007年，他参与了一起街头斗殴，并且在斗殴中用刺刀杀死了一个青年。杀人者因此被判处死刑。按照伊朗的法律，杀人犯执行绞刑的时候，受害人的家属要踢开绞刑架下面的椅子以帮助完成死刑。然而令所有人吃惊的是，受害者的母亲并没有踢开绞刑架下面的椅子，而是站在另一个椅子上，狠狠地扇了杀人者一个耳光，大声说：“你被原谅了！”杀人者的母亲本来已经绝望，只是坐在旁边的地上掩面抽泣，看见这样的举动一下子冲上去拥抱这位母亲，两个母亲一起失声痛哭。

在场的人都鼓掌欢呼，也有不少人流下了泪水。按照伊朗法律，受害人家属有权赦免死刑犯，这个杀人的青年就这样免除了死刑。

受害者的母亲表示，失去儿子她没有一天是不痛苦的，这种痛苦令人无法忍受，今天若是执行了绞刑，那另一个母亲就会承受和自己相同的痛苦。自己是有信仰的，她的儿子虽然不在人间，但她相信他在主的身边会过得很好。

一位伊朗摄影记者完整记录下了这感人的一幕，事件立即引起了轰动，各国媒体争相报道。有的网友说“这就是母性的光辉”，有网友说“这位伟大的母亲用一巴掌把仇恨变成了原谅”。杀人者在被原谅后大哭，表示愿意用一生感恩与赎罪。

受害者的母亲承受着巨大的痛苦，但她仍然选择了原谅。已经失去了一个儿子，难道要让另一位母亲也承受这样的痛苦吗？对青年执行死刑，世界上少了一个犯过错误的年轻人；而原谅他，世界上又多了一个悔过自新的好人。这位母亲用宽容拯救了他人，也让自己从仇恨中获得了自由和释放。她既让我们震撼又让我们感动，也让我们重新思考宽容的真谛。

宽容是一个化敌为友的过程，在我们选择宽容的时候，不仅仅在拯救他人，也在拯救我们自己。

另一则让人感动的新闻来自新华网。一位53岁的退休教师晚上在家休息时遭到了入室抢劫，歹徒是一位只有19岁的学生，手持长刀，明显情绪不稳定。教师与歹徒搏斗多时，二人都受了伤，歹徒伤情严重，情绪面临崩溃。教师立即拨打120，叫来救护车让他们先救倒地不起的学生。教师对前来救治的医护人员谎称歹徒是自己的干儿子，打消了医护人员的疑虑，使得这位年轻学生得到及时的救护。

事后，很多得知真相的市民自发来医院探望这位无私的教师。这位教师却只是说，老师的责任就是教学生，对于走入歧途的学生，他只是负责把他们领回来而已。

无论是伊朗的那位母亲还是这位教师，在面对侵害的时候，都选择了以德报怨。老子说："先德后礼，先礼后法。"社会秩序要靠法律维持，但道德却要靠人心来维持。看看这几年，我国屡屡出现老人在路上跌倒，路人去扶结果被讹诈的事，弄得好人很受伤。但教师和家长却并没有因此在教育孩子的时候说不要去扶跌倒的老人，在学校，老师还是会告诉孩子，尊老爱幼、助人为乐是中华民族的传统美德；家长还是会告诉孩子，遇上需要帮助的人要施以援助之手。这些都是以宽容的心在对待社会上的不公，我们没有因为部分人的腐坏就把自己也变得腐坏。

宽容并不意味着我们要纵容坏人，我们要时时刻刻记得运用法律的力量保护自己，对于那些违法乱纪的行为，也要大力制止。宽容不等同于软弱，无原则无休止的让步不是宽容，那样只能让恶人的气焰更加嚣张。宽容是一种处事方式，也是一种力量，这种力量对维持社会秩序、维护人际关系、调节自我的心理等都有很大的益处。

用宽容的方式温暖别人，用宽容的方式守护自己。不让自己陷于仇恨中难以自拔，从而给别人一个改过自新的机会，给自己一个得以释放的出口。

冰释前嫌，让阳光照进心里

不怕吃亏地帮助我们身边的亲朋好友并不难，因为我们爱着他们，愿意为他们做自己力所能及的事情。但如果让你不计较个人得失去帮助曾经伤害过你的人、你讨厌的人、你的敌人，这就不是人人都能做到的了。

费恩是一位有名的心脏科医生，他医术高超，成功完成了很多高难度的手术，美中不足的就是，他已经快四十岁了还没有结婚，甚至都没有一个女朋友。医院的同事都知道，他是上一段感情受挫，才一直单身。

费恩上一段恋情的开始像童话一样，两人一见钟情，迅速坠入爱河，恋爱第六年，费恩终于得到了对方的同意，两人在海边浪漫订婚。

然而就在结婚前一天，新娘却突然消失。婚礼被迫取消，新娘的家人朋友统统联系不到她，前一天还和他海誓山盟的女人就像从人间蒸发了一样。费恩苦苦寻找，得到的却是新娘和另一个男人结婚的消息。

这荒唐的事情让费恩几乎失去理智，了解之后才知道，原来女友早就移情别恋，一直在欺骗他，到了婚礼之前，事情藏不住了，才导演了这么一出逃婚的闹剧。

离开的人回不来了，这次情变让费恩一蹶不振，他只好通过大量的工作排解压力，一晃就是五年。

一天一个女人护送一个心力衰竭的病人来抢救，费恩赶过去查看，发现这个女人竟然是他恨了五年的前女友；等待抢救的，就是她的现任丈夫，自己的情敌弗兰克。

费恩极力控制激动的情绪，走上手术台为弗兰克进行手术。手术过程中，他发现弗兰克是冠心病转成心脏病，最好的方法就是做心脏搭桥手术。术后，他找到前女友，告诉她必须尽快办理住院手续，过观察期后准备二次手术。谁知前女友哭着请求他帮助，因为他们已经没有多余的钱支付手术费，所以弗兰克的病才一直拖着，变成了现在这个样子。

面对前女友的眼泪，费恩心中浮现的是五年前她决绝离去的样子，想起被取消的婚礼、周围人的嘲笑和五年不能释怀的痛苦。是她对不起自己，自己凭什么帮助她呢？然而下一刻，弗兰克躺在病床上的样子却改变了他的想法，鬼使神差般地，他点了点头。

在费恩的帮助下，弗兰克顺利进行了心脏搭桥手术。出院那天，前女友和弗兰克都是泪流满面，一直对他道歉和表示感谢。费恩却发现，在帮助过弗兰克之后，那些之前的一直不能释怀的痛苦回忆好像都消失了。他现在很平静，面对前女友，他不再激动得难以自控，也不再琢磨怎样报复了，这是一件过去的事，可以在他的人生里落下帷幕了。

当费恩同意帮助前女友的时候，他心中的怨恨就已经消失了，他用以德报怨的方式帮助她，也让自己的心里照进了阳光。我们完全有理由相信，没有仇恨的捆绑，费恩一定会拥有新的恋情，找到可以让他幸福的另一半。

以德报怨，可以释放自己，调节彼此之间的关系，但这需要善良，需要气量。像费恩这样能以德报怨的平凡人值得我们学习，历史上的很多名人也都具有这样的品质，也是我们学习的榜样。

苏东坡和王安石一向政见不和，两个人才华不相上下，争执起来针尖对麦芒，分不出个胜负。谁也没法说服谁，于是两人火气越来越大，王安石是宰相，一气之下把官位比自己低的苏东坡贬到了黄州。

宋元丰三年正月初一，苏轼惶惶若丧家之犬，拖男带女离开京城。这次算是苏轼一生中最倒霉的时候，起初是在大狱里差点丢掉性命，后又被王安石一句话贬了官，经过三四天的忙乱，也不管过年不过年的，大年初一便踏上前往黄州贬所的路程。

黄州即今湖北黄冈，他被“责授”的官衔是“水部员外郎、黄州团练副使、本州安置”，其实，“水部员外郎”是个虚衔，“黄州团练副使”是个虚职，充其量为一小县武装部副部长，只有“本州安置”实实在在，就是不得去外地，就在本地接受监督改造，实际上等于软禁。

风水轮流转，王安石变法失败被罢官闲居在金陵，以前那些跟在王宰相屁股后面的人统统不见了，苏轼却时来运转，从黄州赦归。

按理说苏轼应该恨死王安石才对，可是赦归路上，苏轼却专门跑到金陵去探望王安石，骑着毛驴拜见这位曾经的政敌。王安石很感动，也到小船上回访，二人诗词文章，谈天说地，茶饭不食而不知疲倦。两人不提过去的过节，只是深深为对方的才华折服。

王安石与苏轼不念旧恶最终结为好友，在文学史上留下一段佳话。

放下仇恨，不计较地帮助曾经伤害过我们的人，是为了释放自己，给自己的心中洒下阳光。能这样做的人，不仅仅是心胸宽广，而且是有大智慧的人。

在反“围剿”期间和长征期间，红军就采取优待俘虏的政策，那些一开始战战兢兢的俘虏没想到能受到这样的待遇，于是很多人都加入了共产党。红军优待俘虏的名声传了出去，于是只要战斗形势不好，敌人就投降。抗美援朝战争时期俘虏吃的甚至比中国人民志愿军还好，大家一开始不理解。后来俘虏因为这样的待遇而感动，成为主要的反战力量，大家这才感叹决策的英明。

不念旧恶，施恩与人，这样的例子不胜枚举。不计较自己曾经吃过的亏，对曾经伤害过自己的人、自己讨厌的人甚至是自己的敌人施以爱心，这种善意可以影响我们和身边的人，从而让我们的生活更加幸福，更加美好。

第四章

越宽容，越幸福

谁都会有无心之过

我们有时会受到他人的伤害，但这种伤害并不都是有意的，有很多是无心之失。这些无心之失尤其会发生在与我们朝夕相处的同事、朋友、亲人之间。对于这样的过失，我们能做的就是原谅。

有一对青梅竹马的夫妻新婚后要去旅游，他们决定选择一个两人都曾经去过但没有一起到过的地方，并约好到那里之后，彼此讲一个有关那里的故事。

地点选在一个风景优美的林区，到达以后，丈夫率先讲起他自己的经历。

他小的时候总是和一帮小男孩来这里玩，那时候这里还没被开发成景区，山上有很多好看的鸟。小男孩们不认识那都是什么鸟，只是觉得好看，就想用弹弓打下来一只带回家养着。几个小男孩快爬到山顶的时候，发现了一只色彩斑斓的鸟，大家都很中意，决定就打它了，几个小男孩中，只有丈夫打中了那只鸟，可惜那只鸟拖着伤飞到了山下，他们还是没能抓住它。

妻子听完之后，详细地询问了事情发生的时间、地点，还一再确认事情的前前后后。丈夫不耐烦地说：“就是个打鸟的事，我骗你干什么？”妻子说：“我只是问问，想给你讲个续集，你听不听？”

丈夫好奇，于是妻子就讲起来：“那只鸟本是这片林区受保护的动物，由于数量稀少，林区的看护人对它们格外留心。那只美丽的鸟受伤后，一直不停地飞向山下，飞一阵，歇一阵，很快奄奄一息。恰好被一位看林人发现了，看林人认出那正是这片林区的保护物种，立马追上去，想把它救下来，结果在追的过程中掉进了山洞里，一只腿摔瘸了，一只眼睛也被树枝戳瞎。”

“故事编得一点也不精彩。”丈夫说。妻子没再解释，这件事就这样过去了。

旅行回来之后，妻子有一位没能参加他们婚礼的舅舅要来家里道贺。丈夫虽然没见过，但知道妻子十分敬重这位舅舅，并且这位舅舅年轻的时候受过伤，是个瘸子，而且还有一只眼睛失明。

舅舅到家之后，丈夫对他照顾有加，甚至比妻子还上心得多。两人聊天的时候，丈夫自然地问起舅舅是怎么受的伤。舅舅漫不经心地笑道：“小事一桩，不提也罢。无非就是淘气的小孩子，小石子什么的……”妻子赶忙岔开话题，没提到鸟，丈夫也就没再追问，但妻子显得很尴尬。

晚上，趁着丈夫不在家，妻子对舅舅讲了当年的事情：“那个打伤鸟的男孩，就是我的丈夫。”舅舅只是笑着说：“他又不是故意的，小孩子的无心之失，有什么好怪罪的呢？要是现在把事情告诉他，只会使他一直怀有愧疚，有什么益处呢？家人和睦不是最好吗？你们两口子打赚钱起就没忘记过我，老给我寄钱，现在又孝顺，我也无以为报。”最后，舅舅还专门叮嘱妻子不要把这件事说破。

舅舅走的时候，外甥女婿和妻子送了他很多东西，外甥女婿还专门为他定了一副假肢，至于舅舅受伤的事，就永远成了秘密。

外甥女婿的无心之失对舅舅造成了伤害，但即使知道了真相，舅舅依然豁达，没有怪罪外甥女婿。舅舅的腿和眼睛已经是治不好了，如今让外甥女婿知道实情，只能平白无故增添外甥女婿的愧疚，增加心理负担，这种心理阴影有可能一生都摆脱不掉。这样，幸福生活就会大打折扣，舅舅的豁达避免了外甥女婿的心理折磨，也让外甥女减少了不安。

对于别人的无心之失的宽怀，是对别人的保护，是一种善良。它能让人从心理上放松，得到救赎，也能激起别人的感激之心，让他人向更好的方向发展。

后藤清一是三洋公司的董事长，但由于对松下幸之助的崇拜，他放下自己的公司转投松下公司，开始管理一个小工厂。

因为之前的经验充足，松下对他十分信任，给他的工厂虽然小，但却是核心业务。后藤清一因此很想大干一场。

谁知不久，因为他的一时疏忽，工厂竟燃起了大火，尽管全力抢救，但工厂还是烧成了废墟。后藤十分愧疚，觉得这次一定职位不保。

松下幸之助听说这件事后，把后藤叫到办公室，手中拿着一把火钳，一边说话一边使劲在桌子上敲打火钳，一会儿，火钳就弯了。松下说：“您能帮我把这火钳弄直吗？”后藤疑惑地接过火钳，使劲把它弄直，弄直的过程很费力，后藤像宣泄一样大力地掰火钳，然后交给松下。松下拿过火钳看看说：“好了，好像比之前更直了呢。我刚才很生气，所以用火钳发泄，我相信你掰掰它，心里也会舒服很多。”

本以为会被撤职的后藤就这样离开了松下的办公室。后藤走后，松下还打电话给他的妻子说：“您先生今天心情不好，希望你多陪陪他。”

后藤认真写了报告，松下看过后也没责怪他的过失，只是在报告后面批下四个字：“好好干吧。”

松下的做法让后藤十分感激，同时，由于对自己的疏忽心怀愧疚，后藤更加小心，对集团也忠心效命。后藤在松下创造的价值，远远大于他烧毁的那个工厂。

松下幸之助对后藤不计较，不光是对于他的无心之失不追究，还宽恕了他，帮他卸掉心理负担，更好地留在集团工作。这是非常高明的管理方式，比起那些一有小失误——不管是有心的还是无心的——就开除下属的老板，松下当然更容易取得成功。因为他的做法让集团更有凝聚力，也更稳定。也难怪松下的管理方法在商界被奉为神明，引来无数人的模仿了。

因为别人的无心之失让我们吃亏后，我们要怀着宽容的心态去谅解，站在他人的角度，为他人减少心理负担。这是善良，是我们对别人的救赎。世上的事谁也说不定，我们也有可能会在无意中伤害到别人，谁都渴望被原谅，谁都不想怀着愧疚生活。多一点点仁慈，就会让自己和他人都获得幸福安宁。

给人机会，你的世界更美好

面对吃亏选择宽容，这体现了一个人的气度。面对吃亏选择宽容，也是一种美德，体现出我们对他人怀有一颗同情心。被同情心滋养着的人，要比陷于阴暗的人幸福得多，因为前者的世界充满阳光，更温暖，更美好。

宽容别人的错误，其实就是对他人的谅解，愿意宽容他人，就是给他人一个重新开始的机会。

著名小提琴演奏者丹尼尔·埃德蒙一天回家时，发现家中大门敞开着。他小心翼翼地走进家中，听见小提琴室里有窸窸窣窣的声音，他立刻想到是家中进来了小偷。其他的倒是不要紧，爱琴如命的埃德蒙害怕小偷拿走他的“阿玛提”，那是十分珍贵的琴，也是他最爱的一把小提琴。埃德蒙赶紧上楼推开小提琴室的门，看见一个衣衫破旧、大约十三岁模样的少年站在琴室中间，而少年手上拿着的正是他最爱的阿玛提。

少年看见推门而入的埃德蒙，顿时慌了神，他胆怯地望着埃德蒙，眼里满是绝望和恐惧。埃德蒙看着少年那明显的慌张得不知道如何是好的样子，心中的怒火慢慢消失了，他看着少年，温和地对少年说："您大概是丹尼尔先生的侄子吧，你好，我是丹尼尔先生的管家，他有事出去了，今天他对我说你会来，可是没想到来得这么快！"少年收起恐惧，半信半疑地看着埃德蒙，然后小心地问道："我叔叔出去了吗？既然这样，那我先走了，等他回来我再来吧。"少年说完就要离开，埃德蒙立刻叫住他问："你会拉小提琴吗？刚才我看你在摆弄它。""会一点儿，但是拉不好。"少年回答说。"那就把它带回去练习吧，我想丹尼尔先生一定很高兴听到你的琴声。"埃德蒙说。

少年拿走小提琴后，埃德蒙一个人在床上躺了很久，他的妻子回家后看到他的样子，就问他："你有什么心事吗？今天没听到你拉琴呢。"埃德蒙幽幽地回答："我今天把阿玛提送给了一个不认识的孩子。""阿玛提就像是你的一部分！这是真的吗？"妻子难以置信地看着他。埃德蒙告诉了妻子事情的经过，并且说："我希望我今天的行为能拯救一个迷失的灵魂。"

三年以后，埃德蒙受邀作为决赛评委参加一个小提琴比赛。决赛现场，有一位叫里特的小提琴手展现了卓越的演奏技巧，最终夺冠。埃德蒙为他颁奖时，里特突然问道："先生，请问您还记得我吗？"埃德蒙疑惑地看着他，少年对他说："三年前，我闯进您的家中准备偷您的琴，可是您却把小提琴赠送给了我。"埃德蒙看着少年的脸，一下子想起了往事："可是我假装自己是管家啊，你怎么会知道呢？"少年回答说："我拿着小提琴走出您家的时候，看见了您家客厅里悬挂着您的巨幅照片，没有哪个主人会把管家的照片挂在客厅，那时我就知道，您不是管家，而是真正的埃德蒙·丹尼尔先生。"不等埃德蒙开口，少年接着说："那时候我很穷，没有人瞧得起我，而您的善意让我在贫穷中重新拾起了自信，我立志一定要活出个人样子，有一天能当着您的面说出我的感谢。现在，我可以无愧地把小提琴还给您了。”

里特打开小提琴盒，里面躺着的正是埃德蒙的那把阿玛提。埃德蒙十分感动，他走上前拥抱少年，他知道，少年没有让他失望。

宽恕少年是要以失去小提琴为代价的，但埃德蒙还是选择宽恕，而正是这样的宽恕，让少年找回了自尊和自信，就像他自己说的，他用一把小提琴挽救了一个迷途的灵魂。

宽容是一种成熟的心理状态，宽容包含着理解、同情、豁达等多种情感因素，而理解和同情恰恰就是能击中人们心中柔软地方的最好武器，豁达则是能让人与人之间距离更近的法宝，所以我们才说，宽容是一种善良。同样地，当我们不能以宽容之心对待别人时，也就是不能理解、同情，不能豁达处事的时候。缺少这些心理因素，人们就容易做出不够理智的事情，甚至会在过激的反应后造成不可弥补的伤害。

电影《双食记》中，陈家桥被美丽迷人的空姐COCO吸引，就背着妻子余男与她交往。男人以为两个女人谁也不知道谁的存在，其实他出轨的事很早就被妻子发现了。丈夫出轨，余男几乎气得发疯，她决心抢回丈夫，并且让这个背叛她的男人付出代价。于是她假扮成营养师顾晓繁接近COCO，对她说想留住男人就要留住男人的胃，并亲自为COCO提供菜谱。COCO上当，天天按照顾晓繁提供的菜谱做饭给陈家桥吃。但是这些菜谱全是相克的食物放在一起，看似平常的食材按照这样的做法会产生剧毒，这是余男为了报复陈家桥而专门设计的。陈家桥每天食用这样的食物，渐渐开始脱发、感到疲惫，时间久了，牙齿也开始脱落，连眉毛都掉光了。COCO送他去医院检查，发现竟然是砒霜中毒！二人这才知道“顾晓繁”的计谋，但已经晚了，陈家桥可能要在轮椅上度过余生了。

电影的结尾，余男终于取得了胜利，她报复了陈家桥也让他重新回到了自己身边。但是，幸福的日子再也回不去了，两人之间巨大的感情创伤无法愈合，陈家桥终生半残，这场复仇终究造成了不可挽回的悲剧。

被丈夫背叛，换作任何一个女人都无法忍受，理所当然地会想到报复，但看看电影里，余男的复仇没有把自己从婚姻失败的阴影里拯救出来，而是让自己又陷入了另一个痛苦的旋涡，一个人的苦痛变成了三个人的，谁也没有得到幸福。

艺术作品是会有夸张的成分，在现实生活中我们可能不会像余男那样极端，但是我们很多人却还是用了别的方式来“复仇”，例如冷战、争吵或者让对方当众出丑。所有这些行为，没有哪一样是能真正解决问题的，反而让幸福离我们越来越远。因为我们的行为中不包含善的成分，而是破坏性的。一种具有破坏性的行为，怎么能得到修复的结果呢？雨果说，最高贵的复仇是宽容。我们能做的最有效的反击，就是饶恕，诚挚地饶恕，然后忘记。

宽容中含有仇恨所没有的能量，那就是善意的能量，这种力量能恩惠他人，就像埃德蒙用一把小提琴拯救了一个几乎走上歧途的少年，这种力量也能恩惠我们自己，懂得饶恕就不会落得像顾晓繁一样的结局。华兹华斯曾写下这样的诗句：“正义之神，宽容是我们最完美的所作所为。”一个拥有成熟心态的人，一定是一个懂得宽恕的人。

克制住怒火，福气就来了

遇上吃亏的事，我们很容易愤怒，从而失去理智，错失好好思考事情，找到最佳解决方式的机会。所以遇到吃亏的事时，首先要想办法让自己保持冷静。

先来看一个商人的故事。

有位商人最近总是很倒霉，他想化解自己的霉运，但是去很多地方求签都不管用。

商人外出做生意顺便去看朋友，对朋友诉说自己的苦恼。朋友告诉他，附近有一位老和尚，能知道你接下来会发生什么倒霉事，并帮你想出解决的办法。商人听后很动心，就去庙里拜访老和尚。

商人对老和尚说出自己的苦恼，希望老和尚能帮他看看接下来还会遇到什么倒霉事，有没有化解的办法。

老和尚听完商人的讲述，提笔写下四句话：向前三步想一想，退后三步思一思，凶心起时不要动，怒火熄时最吉祥。

商人看后问什么意思，老和尚说：要是遇上什么事，照着这四句话去做，一定可以化解。

商人半信半疑，但还是收起字条，谢过老和尚。

处理完事情，商人没停留就匆匆赶回家。到家时正是三更半夜，商人推开门，却看到床前摆着两双鞋，一双男鞋一双女鞋。妻子竟然趁自己不在家的时候出轨了！商人愤怒之极，跑到院子里拿起棍子要冲进屋里惩罚妻子，就要到房门口的时候，他突然想起字条上的话，“凶心起时不要动”，商人平复了一下自己的心情，努力让自己恢复理智。

想想自己平日里从没有做过对不起妻子的事，夫妻两人也很恩爱，这次出门之前，妻子还一再叮嘱他注意安全，叫他早日回来。这样看来，完全没有出轨的理由，还是不要冲动，先问清楚才好。

想到这里，商人放下棍子，平静地推开房门，打开灯的时候，他惊讶了，哪有什么男人，妻子一个人躺在床上！问过妻子才知道，原来是他捎信说要回来，妻子就把他的衣物、鞋子提前准备好了。幸好他听了老和尚的话多想了想，压下了愤怒，不然恐怕就会作出难以挽回的傻事。

商人心中对老和尚十分佩服，专门回到庙里去道谢，老和尚说：“你满脸怒气，一看就是缺乏平静之心的人，所以这四句话十分适合你。”

故事里的商人并没有真的吃亏，因为他的妻子并没有背叛他。是他误以为自己吃亏了，有了吃亏的感觉后，商人的第一反应就是发怒，在怒火之下，做出过激的报复行为。但假设商人的妻子真的背叛了他，他冲进去就能解决问题吗？无论他妻子是否真的背叛，他这样发怒的后果只有一个，就是妻子离开他，完整的家庭再也回不来了。

面对吃亏，我们要能压制愤怒并保持平静，用理智思考和解决问题。转换自己的思维，从而把吃亏转化成福气。

商人用保持平静防止了误会的发生。接下来的这个故事，是一个二流的歌手用保持理智发现了通往成功的路，成为一流的歌唱家。

詹姆士是个到处跑通告的二流歌手，有一次应邀来到法国里昂参加一场小型汇演。到达里昂后，詹姆士在歌剧院附近找到一家旅馆住下。订房间的时候，他考虑到自己第二天要参加演出，特意叫侍者为自己安排了一间隔音效果好的房间，以便好好休息。

可是到了晚上，隔壁房间突然传来婴儿的哭声，声音非常大，吵得詹姆士根本睡不着。詹姆士内心十分烦躁，想到自己明天的汇演，他决定去找侍者。侍者告诉他，不是房间隔音效果不好，而是孩子声音太大，这时候很晚了，没有人愿意换到那么吵的房间去。“那为什么一样订房间，我就要忍受这样的噪声？明天的汇演如果搞砸了，谁来为我负责？”詹姆士表达自己的不满。“我只能说对不起了，先生。”侍者无奈地说。

詹姆士满心怒气地回到房间，那个婴儿的哭声还持续不断，而且声音越来越大，詹姆士没有任何办法，只好点燃一支烟，靠在窗边缓解焦虑，打发时间。

渐渐地，詹姆士觉得自己的反应太过激了，他试图让自己平静下来，不去抱怨自己的倒霉，而是思考：自己唱两个小时的歌嗓子就受不了了，那个婴儿为什么能保持这么洪亮的声音持续这么长的时间呢?

怀着这样的疑惑，詹姆士开始仔细听婴儿的哭声，努力找出婴儿的发声方式，并且跟着发声，试图唱到最高点然后把这个音持续下去。

按照这样的方法，詹姆士练了一晚上。结果在第二天汇演时，他意外地表现出众。意识到是这种方法起到了作用，詹姆士开始潜心研究婴儿发声法，终于形成了一种独特的声乐训练的方法，他的演唱比以前更加稳定流畅，技能有了大幅提高。

再到后来，詹姆士成了一流的歌唱家，当有人问起他的成功时，他总说，那始于一个理智思考问题的晚上。

平息自己的怒火，吃亏的时候想办法去化解，而不是一味地愤怒、报复，或是向别人要求公平，能做到这一点，你就会发现生活中没有什么过不去的事。

美国总统林肯就曾教给自己的下属，当有人攻击你的时候，不要发怒，也不要报复，先回来写一封信发泄自己的怒火，等到怒火平息之后，就把信烧掉，这样，就能很容易原谅身边的人。林肯懂得控制情绪，每次遇到他人的攻击，都不去报复，而是想办法平息自己的怒火，再去想更加合理的解决方式。所以他在任何时候都能保持风度与理智，一直以来被人们视为具有良好修养的典范。

面对吃亏能保持冷静的人，一定拥有成熟的心智。这样的人修养过人，无论任何时候都能用理智约束自己，在吃亏的时候也找到化解的方法，福气自然也就跟着他。

宽容，让坏情绪没机会滋生

《周易》有云：“地势坤，君子以厚德载物。”在人与人的接触交往中，矛盾冲突是在所难免的，即使我们老实做人、老实做事，也免不了有找上门来的麻烦。每当遇上这样的事，我们就应该用风度和涵养代替怒火，以容人之心行君子之事。

司马光《涑水记闻·卷二》中记载了宰相吕蒙正不喜欢计较别人过失的事。

吕蒙正刚刚出任宰相的时候，有很多人瞧不起他。第一次上朝，有一位中央官吏在朝堂的帘子内用手指着吕蒙正，故意大声说道：“这小子居然也能当上参知政事呀？”言语间满是戏谑的口气，存心要让新上任的吕蒙正下不来台。吕蒙正没有介意，只是装作没听见走了过去。朝堂上有和吕蒙正交好的官吏，听罢十分生气，派人要查那位中央官吏的姓名，好施以惩罚。吕蒙正连忙阻止他，这让与吕蒙正交好的官吏十分为他抱不平。下朝以后，吕蒙正劝告与他交好的官吏说：“知道那个人的姓名，则终生不能忘记，不如不知道那个人的姓名为好。不去追问那个人的姓名，对我来说也没有什么损失。”大家都佩服吕蒙正的度量。

吕蒙正度量如海，《宋史》评价他：“质厚宽简，有重望，以正道自持。”“时皆服其量。”

吕蒙正不记仇，正是懂得宽容别人就是善待自己的道理。若是真的查了那个中央官吏，以后看到这名字肯定心里不舒服，只会使自己常常不愉快罢了，不如得过且过，就这样让事情小事化了。

《战国策》中讲述了孟尝君的一个故事：

孟尝君平日里用自己的钱财养了不少门客，本是希望这些门客关键时刻能为他所用，但是，当孟尝君被齐王驱逐出国境的时候，这些门客竟然不念及孟尝君的恩惠，一个个弃他而去，甚至还有人落井下石。

后来孟尝君重新得势要回到齐国，他记恨那些门客，就把那些人的名字刻在木板上，想着一定要让他们吃到苦头。

孟尝君回到齐国边境的时候，遇到了齐人谭拾子。谭拾子问他：“你是不是恨那些得势时趋之若鹜，失势时四散离去的人？”孟尝君点了点头。谭拾子说：“这社会本来就是谁富贵就靠近谁，谁贫贱就远离谁。犹如集市，早晨人总是满满的，到了晚上就空荡无人。这不是人们爱早恨晚，而是根据需要来的，因此希望你不要恨那些人！”

孟尝君听后，便把刻在木板上的那些自己痛恨的人的名字全部削掉了。

宽容别人不是软弱的表现，相反因为你的宽容，他人会产生歉疚的心理，又怎么会再变本加厉欺负你呢？宽容别人是善待自己的一种方式，要是你明白，你的记恨和报复最终伤害的人其实是你自己，你就不会因为别人的伤害而无法释怀了。对过去的不公耿耿于怀，最后不断加重自己痛苦的记忆，这是对别人的不宽容，更是和自己过不去。

一位女士带着自己年迈的父亲挤上公交车，可是公车上的老弱病残专座已经坐满了，于是女士就指着坐在老弱病残专座上的一位老人要求他为自己的父亲让座。这位老人虽然比女士的父亲年轻些，但也是70岁的高龄，鉴于自己的年纪，身体又不方便，就没有起身让座。女士见老人不肯起身让座，直接开口大骂，言语简直不堪入耳。老人经不住骂，就一声不响地起身让了座。老人让座之后，女士并没有停止大骂，还是一句一句地叫嚷着，还越嚷越生气了。公交车上的人开始看不惯了，想要制止这位女士，老人见状，赶忙对女士说："别骂了，太生气会气坏自己的身子。"老人说完，车上一阵沉默。

老人没有和女士针锋相对，而是显示出自己的胸怀和涵养，一直不计较，最后一句话掷地有声，那位女士也感到不好意思。

你针锋相对，正好让他人的挑衅伤害了自己，宽大处事方是君子所为。

有个蒙古族年轻人生活很贫穷，没有固定的生活来源，就当起了小偷。一次他偷了草原上一对老夫妇的牛，宰杀后卖掉，不想被这对老夫妇发现了。老夫妇也是生活拮据的人，家里的财产就只剩这头牛了。被发现后，年轻人想这下完了，老夫妇一定不会放过自己的，可这对老夫妇却对他说："我们不怪你，知道你生活拮据，也不容易，只是杀生是大罪孽，我们不要求你赔偿什么，只要你以后做个善良的人就可以了。"年轻人没有想到能得到这样的原谅，十分感动，决心悔过自新，于是将自己准备带去宰杀的其他牛放掉，以后再也没做过这样的事。

老夫妇是失去了一头牛，但是他们让草原上又多了一位善良的人。因为年轻人知道悔改，所以两位老人十分高兴。

宽容之心能带来内心的愉悦和平静。就像上面事例里的老夫妇一样，用宽容之心换回一个善良的灵魂。缺乏宽容之心就容易钻牛角尖，容易陷入痛苦中不能自拔，已经受到了伤害，还要通过这样的方式为自己增添负担，真是划不来。

时时刻刻怀有容人之心，就是善待自己的最好方式。

送出一轮明月

比海洋广阔的是天空，比天空更广阔的是人的胸襟。人的胸怀之所以宽广，不只在于能够原谅，更多的是能以德报怨，永远关怀他人。

有个哲理小故事，讲的是一位禅师晚上在山林里散步参禅，回家后发现有个小偷正在自己的小茅屋中行窃。禅师看见后并没有惊动小偷，而是一直站在门口等待。

小偷得手后逃出门，撞上了正等在门口的禅师，心中大惊，正想着怎样逃脱，禅师却把自己的外套脱下对小偷说："你大概是半夜来探望我的吧，这样遥远的路，夜晚很凉，你拿上这件衣服回去吧，别着凉了。"小偷接过禅师的衣服，不知所措地匆匆走了，禅师望着小偷的背影，喃喃自语道："可怜的人啊，但愿我能送你一轮明月照亮黑夜的路。"

第二天，禅师照例去林间散步，回来的时候，看到自己的衣服整整齐齐地叠放在茅屋门口，送衣服的人已经走了。禅师非常高兴地说："看来我真的把明月送给你了！"

小偷来偷东西，禅师想到的不是自己的损失，而是小偷以这种方式为生，一定是个可怜的人。所以他没有拆穿小偷，而是用关心的话语唤起小偷心中的惭愧。小偷因为禅师的包容而改邪归正，这就是禅师说的：送了他一轮明月。

禅师怀着悲天悯人的心，才会对自己的损失不在意。

时时怀有同情心，我们才能更好地理解他人的行为。即使他人做出有损我们利益的事，我们也应该这样想：做出这样的行为或许是生活所迫，或许是一时鬼迷心窍，或许是有什么不得已，这样一想，我们就会用关怀代替憎恨，就会把自己的损失放在后面，而先想到能为对方做点什么。

上面只是一个故事，但现实生活里也不乏像禅师一样送别人一轮明月的人。

李银只是一名平凡的家庭主妇，她的丈夫经常加班到深夜，她也每晚和衣躺在床上等待，等到丈夫回来才睡。

一天半夜，等待丈夫的李银感觉到有人进了屋子，很显然不是丈夫，因为他还没有下班。那个人以为她睡着了，在屋子四处走动翻找着东西。

李银吓坏了，偷偷拿起手机给隔壁邻居发短信，让邻居帮忙找楼下保安。

那个身影翻找了一阵之后，包起什么东西准备逃跑的时候，邻居喊来的保安逮住了他。灯打开，李银看到了灯光下的脸，不过是高中生的样子，年轻的脸上满是恐惧。扭打中他包起的东西掉了出来，是一条带着翡翠吊坠的项链，那是在结婚纪念日丈夫买给李银的礼物。

保安看见项链，立马绑住青年：“你个小偷，这下被当场抓住了！快把东西还给人家！”

青年转过脸来，李银分明在那张脸上看到了企求。一瞬间，一种不忍心涌上心头，李银立马说：“你们放他走吧，这条项链是我给他的。”青年愣在原地，保安不敢相信地问：“不是你叫人报的警吗？现在这是怎么回事？”“真的，”李银说，“是我给他的，给你们添麻烦了。”保安立马生气地指责李银不负责任，大半夜报假案，抱怨一通后就走了。

保安走后，青年不安地看着李银，问她为什么救自己，李银平静地说：“你这么做一定有自己的原因，项链我不要了，但我希望你永远不再偷盗。我不知道能不能唤回你的良知，但我还是要给你一次机会。”青年满脸泪水地谢过李银后离开。

几年后，李银收到一封信，信里感谢她曾经给予的帮助。李银这才知道，原来那是个因叛逆离家出走的问题少年，没有生活来源才去偷盗，李银的救赎让他重新回到家里读书，现在已经走上社会，成为机械工程师。他问如果方便的话，希望来看望这个改变了他人生的阿姨。

李银在决定吃亏的那一刻，就已经获得了幸福，因为在她心中把一个迷途的青年放在了比自己的得失更重要的位置，而那个青年最终收获了一轮明月，在李银善良的容忍中改写了自己的人生。有什么比看到别人因自己而变得更好还高兴的事情呢？一条项链换一个青年的明天，只能说这个亏吃得太值得。

这是以德报怨的力量，这里还有一个更感人的故事。

一位大学生被一群不良青年折磨致死。当这些青年一一被绳之以法时，这位大学生的父母却诚恳地要求减轻这些青年的罪责，他们没有上告，而是拿出自己的积蓄，作为这些孩子出狱后社会辅导的资金。

媒体和大众表示不理解，有媒体上门采访这对父母，问他们难道不伤心吗？这对父母说："当然伤心，悲痛欲绝，失去了自己心爱的儿子，怎么能不伤心呢？但是我们不痛恨那群孩子，而是痛恨他们的成长环境给他们造就了这样扭曲的性格。他们也十分可怜，因为这样扭曲的性格，早早地就失去了自己的明天，美好的人生还没开始就走上了歧途。"

这怎么能不让人感动呢？他们伤心，但他们同样同情，同情那些无知的孩子，同情他们没能得到好的教育。这对父母用这样崇高的心灵关怀他人，而那些不良少年也最终忏悔并改过自新。那些少年，何尝不是收获了属于他们人生的明月呢？

以德报怨，是一个传递爱心的过程。怀着同情之心对待别人，理解别人的苦衷，从心底里关怀别人，这能化解我们心中的不平和仇恨，促使我们产生无私的念头，并做出善良的举动。

第五章

成大事者，必有大气量

以牙还牙，很难解决问题

维克多·雨果说：“最高贵的复仇是宽容。”这是从精神层面对宽容的解释。事实上，从现实利益角度去理解宽容，也是很有意义的。

赵燕和于蓝同在一家公司做销售，两人在不同的团队做同一个产品，是业务上的竞争对手。于蓝为人忠厚，有很多客户因为信任她与她建立了长期合作关系，所以于蓝的销售额一直比赵燕高很多。

于蓝是个近视眼，年末公司同事聚会，她特意戴上一副新眼镜。由于镜框很漂亮，衬得于蓝脸型很好看，得到了同事们的一致称赞。

看见大家都在称赞于蓝的新眼镜，一直就因为业绩不如人而对于蓝怀恨在心的赵燕心里更不舒服了，于是就走过去大声说：“看见眼镜，我就想起一个和近视眼有关的笑话，说的是一位漂亮小姐去买鞋，试了很多双都没有合适的，老板就蹲下身，想要为她量一下脚的尺寸。老板是个秃子，这个小姐又是高度近视，小姐低下头突然看见老板的秃头，以为是自己的膝盖，就赶忙用裙子盖住，老板眼前一黑，开口大骂：‘真是气死人了！刚买的保险丝怎么又断了！’”

赵燕讲完笑话，大家一阵哄堂大笑，有的同事立马联想到于蓝，还笑着打趣道：“你这近视眼能分清光头和膝盖不？”这下所有的同事都忘记了好看的眼镜，大家你一句我一句讲起和近视眼有关的笑话来，于蓝很尴尬，剩下的聚会时间都没再说一句话。

不久，公司换了新高层，要进行制度改革。以前的两队比较制度被取消，而是换成了每个人有硬性指标，每月必须达到多少销售额，累计三个月完成不了的，自行离职。

制度表下来后，于蓝看到赵燕的任务量明显大于自己，一问，原来是领导觉得赵燕来公司时间更长，理应完成更多。负责的客户和产品都没变，赵燕去哪里找那么多新的销售路子呢？想起自己有几个老客户倒是人脉很广，于蓝赶紧联系，把这几个老客户介绍给了赵燕。

赵燕正在为新的任务量发愁，突然接到于蓝联系的客户的电话，十分吃惊，匆匆约定好合作就挂了电话。之后赵燕找到于蓝，问她是怎么一回事。于蓝说：“咱们俩竞争了两年多，谁都知道谁的客户源，现在你的新任务那么多，一下子哪能完成啊，倒是我的任务量减少了，少几个客户没什么。”

赵燕听后十分惭愧，她向于蓝道歉：“聚会上的事是我故意的，以前也总是记恨你资历浅却比我做得好，背后说了你不少坏话。”“没什么的，都过去了。”于蓝笑道。从那之后，两人从竞争对手变成了很好的朋友。

别人真的做了对不起我们的事，也不用一肚子抱怨，或者是一门心思想着要报复对方，有时候也许事情还不至于那么严重，你的不原谅就会给你俩的关系画上一个句号。不要抱着“你不让我好，我也不让你安宁”的心态处理矛盾，那样只会两败俱伤。拈花手留香，别人伤害了你，你就展现自己的善意，用一颗原谅的心容人所不能容，以德报怨，怨恨才会最终消失。

小方是个出租车司机，这是个需要思想高度集中的职业，白天出一天车非常累，晚上回来后需要好好休息。

偏偏楼上的邻居一家都是麻将狂，吃过晚饭小方要休息了，这家人才开始自己的“战斗”，麻将搓得噼里啪啦响，麻将桌咯吱咯吱的声音简直让人无法入睡。这家人天天打到深夜才睡，小方被迫跟着熬夜，白天出车一点儿精神也没有，有时候甚至要找地方停下车打个盹。时间一长，小方简直要崩溃了。

一天晚上回家吃饭时，小方对妻子说今天一定要上去让他们别打麻将了，妻子问：“他们一家那么爱打麻将，会听你的吗？”小方说：“他们要是不听，我就用铁锤子敲房顶，让他们也尝尝被人吵的滋味。”

妻子说：“给你说个笑话吧，说是有个人对自己的朋友说：‘新搬来的邻居好可恶，昨天晚上夜深人静的时候猛按我家的门铃，明显就是骚扰。’‘那真是太糟了。’朋友说，‘你是怎么回应的呢？’‘我没理他们，继续吹我的小号。’这个人说。”

小方刚还纳闷妻子为什么突然讲笑话，现在算是明白了，妻子是劝自己不要这样处理。“那怎么办呢？”小方郁闷地问，“就让他们一直这样吵吗？”

“打麻将的习惯不是一天两天就能改的，我们要慢慢习惯。我倒是觉得，做了这么长时间的邻居相互之间也不熟悉，这不太好。我听见他们打麻将的桌子发出咯吱的声音，好像是时间久了，有点坏掉了，不如我们买一个麻将桌送给他们，趁这个机会彼此认识一下，至于吵的事，暂时放放吧。”妻子说。

小方虽然火大，觉得凭什么被吵了还要主动买个麻将桌，但耐不住妻子的劝说，还是买了个新麻将桌送过去，到了邻居那里，好好和人家寒暄了一番，然后看着邻居千恩万谢收下麻将桌。

送完麻将桌一星期以后，突然没有打麻将的声音了。小方觉得奇怪，在楼下碰见的时候就拦住邻居问：“怎么最近不打麻将了？”邻居红着脸说道：“实在是对不起，我们不知道声音这么大这么吵，您还是司机呢，打扰您休息了，真是对不起。”

原来，小方送麻将桌的时候说听着邻居的麻将桌旧了所以买了个新的，这让邻居意识到小方家能听到自己的声音，麻将桌咯吱咯吱都能听见，那打麻将的声音得把别人吵成什么样啊。再加上小方一点也没说他们，还为他们送来新麻将桌，这让邻居感到更加愧疚，就不再半夜打麻将了。

小方的妻子是个非常聪明的人，她劝小方宽容，又对邻居用以礼相待的方式委婉地指出其错误，在没有破坏邻里关系的情况下完美地解决了问题。

《礼记》上说：“人有礼则安，无礼则危。”在别人犯了错误，甚至已经严重干扰自己的时候，如果要做出回应，一定要很有礼貌地对待别人。别人给你一巴掌，你却回报他一束鲜花，这就是在给对方一个感受错误和发现错误的机会，让对方能自觉认识和改正自己的错误，这难道不是比以牙还牙更好的解决方式吗？

化敌为友是笔精明账

冯梦龙在《增广智囊补》中说：“能容小人，方成君子。”历史上有很多成就大事业的人，都拥有能容人的气量。包容是一种美德，不计较别人的过失，不记恨他人的挑衅，如此我们就能与身边的人和睦、融洽地相处。

林肯竞选总统，需要在参议院进行就职演说。在林肯开始演说之前，一位参议员突然开口道：“林肯先生，在你进行演说之前，我想提醒你记住，你是个鞋匠的儿子。”

当时参加竞选的人当中，只有林肯出身卑微，这明显带有身世攻击的话语，就是想当众让林肯难堪。参议院内因为这位议员的话响起了嘲笑声。

林肯平静地转过身来，居然开口感谢这位参议员：“我非常感谢你提起了我的父亲，他已经去世了，我一定记住您的忠告，我知道我做总统无法像我父亲做鞋匠做得那样好。”

林肯的话说完，参议院陷入一片沉默。林肯接着对那个议员说：“据我所知，我的父亲以前也为你的家人做过鞋子，如果你的鞋子不合脚，我可以帮你改好它。虽然我不是伟大的鞋匠，但我从小就跟我的父亲学会了做鞋子的技术。”然后，他又对所有的参议员说：“对参议院的任何人都一样，如果你们穿的那双鞋是我父亲做的，而它们需要修理或改善，我一定尽可能帮忙。但有一点可以肯定，他的手艺是无人能比的。”说到这里，所有的嘲笑都化成了真诚的掌声。

有人批评林肯总统对待政敌的态度：“你为什么试图让他们变成朋友呢？你应该想办法打击他们，消灭他们才对。”林肯温和地回答道：“我们难道不是在消灭政敌吗？当我们成为朋友时，政敌就不存在了。”

林肯两度当选美国总统，他签署《解放黑奴宣言》，开始了一个新的黑奴解放时代，对美国产生了深远的影响。这位美国历史上最伟大的总统之一，就是用他的宽容将政敌变成了朋友。

后赵王石勒请同乡们到襄国饮酒，他邀请了所有的乡亲。有个叫李阳的，虽然收到了邀请，却没有来赴宴。因为石勒在没有出人头地的时候，曾多次与李阳为争夺沤麻池而相互殴打。石勒打不过李阳，挨了他好多拳头。现在石勒发迹了，李阳怕他追究，就不敢来赴宴。石勒说：“争沤麻池一事，那是我做平民时结下的怨恨。我现在广纳人才，怎么能对一个普通百姓记仇呢？况且李阳是个壮士，理应受到重用，为国效力，不仅不能追究，我还得给他合适的职位，不让他再以种田为生，以免浪费人才啊。”他派人去家里将李阳请来，同他一起饮酒，还拉着他的手开玩笑，让他卸掉心理负担。宴会结束后，石勒任命李阳做参军都尉。

李阳果然勇猛异常，尽职尽责，忠心耿耿，帮了石勒很多忙。

宽容是一种风度，是一种为人处事的智慧。宽容待人，宽容处事，既可以为我们赢得朋友，又可以将大事化小，小事化了。

在邯郸市串城街有一处巷子叫回车巷，因为蔺相如回避廉颇的故事而出名。巷口立了一块石碑“回车巷碑记”，记述了廉颇负荆请罪的经过。

渑池会结束以后，赵国宰相蔺相如按照功劳被封为上卿，位置在廉颇将军之上。廉颇说：“我是赵国将军，有攻城野战的大功，而蔺相如只不过靠能说会道立了点功，可是他的地位却在我之上，况且蔺相如本来只是个平民，这让我感到更加羞耻。”并且扬言说：“我遇见蔺相如，一定要羞辱他。”廉颇出言不逊，蔺相如门下的人都很气愤，蔺相如却要求家人不要记恨，既然廉颇说了这样的话，那么为了避免不快，常常让着廉颇就是了。于是，每当廉颇上朝的时候，蔺相如就以有病推脱不去上朝，或者说头痛，或者说风寒，就是为了避免在朝堂上因为地位问题与廉颇起争执。蔺相如出行，在一条小巷子看见廉颇，为了避免不快，就调转车头躲开廉颇，这就是回车巷名字的由来。

由于蔺相如一直如此，他的门客都感到十分羞愧，就对他说：“我们之所以离开亲人来侍奉您，就是仰慕您高尚的节义呀。如今您与廉颇官位相同，廉老先生口出恶言，而您却害怕他躲避他，您怕得也太过分了，平庸的人尚且感到羞耻，何况是身为将相的人呢？我们这些人没出息，请让我们离开吧！”言下之意，蔺相如太没志气，为了躲避连朝堂都不上，就这样吃了廉颇的亏，显得没有面子。蔺相如听后对门客们说：“诸位认为廉将军和秦王相比谁厉害？”门客们回答说：“廉将军比不了秦王。”蔺相如又说：“以秦王的威势，我都敢在朝廷上呵斥他，羞辱他的群臣，我蔺相如虽然无能，难道会怕廉将军吗？但是我想到，强大的秦国之所以不敢攻打赵国，就是因为有我和廉将军在呀，如今两虎相斗，势必不能共存。我之所以这样忍让，就是因为我把国家的急难放在了前面，而把个人的私怨放在了后面。”

蔺相如的一席话传到了廉颇的耳朵里，廉颇没想到蔺相如是如此大度之人，为了不与自己争执给国家造成不好的影响，宁可受委屈。于是廉颇就脱去衣物，背上荆条，亲自上门向蔺相如请罪。二人化解了矛盾，此后齐心为国效力，成为生死之交。

蔺相如的做法，就是用宽容的态度化敌为友，既保全了大局，还在历史上留下一段美谈。这就是包容的力量，你容人三分，他人会因此而感激你。多多宽容才能赢得人心，这是比争执更为有效的方法。

让自己做到“宰相肚里能撑船”

“宰相肚里能撑船”，相信这句话大家都听过。这句话意思很简单，就是教人为人处事要宽厚大度，豁达仁义。这说起来简单但做起来难。每天因为各种各样的小事和他人发生口角的人不在少数。很多人受一点小侮辱，或是被撞一下，心中那个名为“吃不得亏”的弦就绷紧了，一副“你占我三分地，我就夺你一亩田”的样子，非得讨回个公道不可。其实这些小事又何须在意呢？与其针尖对麦芒地让事情愈演愈烈，还不如宽宏大量些，让事情过去就算了。

今天我们口口相传的“宰相肚里能撑船”，说的是三国时期蜀国宰相蒋琬的故事。

诸葛亮去世以后，蒋琬被任命为丞相，主持蜀国大小事务。蒋琬手下有一个叫杨敏的，无论蒋琬怎样与他说话他也不应答。作为新上任的丞相，这是很没面子的事，但是蒋琬却始终不计较，只说杨敏天性木讷，不善言辞而已。他的手下见了气不过，就对蒋琬说：“您是丞相，可这个叫杨敏的竟然这样怠慢您，太不像话了。”言下之意，蒋琬应该惩戒杨敏为自己树立威信。蒋琬坦然笑笑：“让杨敏当着我的面赞扬我，那是以他的性子做不来的事，他没有当面反驳我，就已经是为我留足了面子，所以他常常不作声。这是杨敏为人的可贵之处啊。”

蒋琬不但没有生气，还替杨敏解释，后来很多人赞扬蒋琬“宰相肚里能撑船”。

处在这样的高位之上，没有过人的气魄怎么能让众人信服?蒋琬忍一时之气，为自己赢得了名誉，大家看到这样气量宽大的宰相，当然愿意跟随。历代位列宰相的贤士们都懂得要以气魄收服人心，蒋琬如此，吕端也是如此。

北宋名相吕端在位时曾因为遭奸人陷害失去相位，只好和书童收拾了行李回乡。回到自己家门前，他发现家中正在大摆筵席，原来是自己的弟弟结婚设宴，乡里的富豪乡绅都来参加，这些富豪一见到他回来了，又是行礼又是磕头，把向相爷行的礼数全部行了个遍。吕端连忙解释，说自己已经被革职还乡，现在是一介布衣，希望大家不要行礼。这话一说出口，那些乡绅富豪们通通变了脸色，收起刚才的礼数，对吕端斜眼相向。斜眼相向也就罢了，本县的七品知县直接出言戏弄，让本来就遭遇革职的吕端显得更加落魄。另一些人则直接拿回前来贺喜的礼物，摔门走人。弟弟的婚礼只进行到一半，宾客拿着贺礼离席，这下不光是吕端，家人也都跟着难堪了。

所谓无巧不成书，正在大家散去的时候，村外传来了马蹄声，原来是皇上派人来给吕端下圣旨，遭人陷害的事情被查清楚了，吕端官复原职，继续出任当朝宰相，要求他早日回京。这下刚才离去的宾客都傻眼了，各个赔着笑脸来给吕端道歉。出言不逊的七品知县连忙跪地磕头，一边往自己脸上扇巴掌一边道歉。

这种狗腿的行为惹怒了书童，书童气不过，就出言训斥道：“你个狗官，刚才大胆戏弄我家大人，就应该让大人摘了你的乌纱帽！”县官吓坏了，头磕得更响了，吕端连忙制止书童，说：“既然认识到了错误，就给他个改过自新的机会吧。”吕端没有惩罚县官，对那些趋炎附势的宾客们也不加怪罪。

这件事没多久就传开了。人们纷纷称赞吕端“宰相肚里能撑船”。

在宋太宗、宋真宗当朝的年代里，两朝为臣的吕端，从一名州县地方官吏，逐步升为枢密直学士、参知政事和宰相。吕端任宰相后，办事持重稳当，公道而廉洁，深得朝中朝外各方的好评。吕端的成功，和他的为人宽厚是分不开的。正因为吕端宽厚待人，太宗收到的奏折中也都是夸奖吕端的话语，皇上对他的印象就更好了。

说起这“宰相肚里能撑船”，还有一个人不能不提，就是我国历史上著名的文学家王安石。王安石也曾出任过宰相，和前面两位一样，也是以气量宽宏而闻名的。

王安石曾经两度出任北宋宰相，在位期间以认真仔细著称。可就是这样一位认真仔细的宰相，却被家人给坑得很惨。

王安石早年丧妻，纳了一位名叫姣娘的姑娘做小妾。姣娘嫁给王安石时，王安石正是朝中宰相，每天忙于政事，无暇回来陪姣娘。姣娘耐不住寂寞，就和府上的仆人偷偷私会。好事的人将这件事告诉了王安石，王安石十分生气，就谎称自己要入宫办事出门了。等到夜里姣娘以为他走了，偷偷跑去与仆人私会时，王安石就闯进屋内捉奸。可是当王安石要推开屋门时，他的理智战胜了愤怒。姣娘琴棋书画样样精通，又长得漂亮，年纪轻轻嫁给自己，是自己怠慢了她，自己这样冲进去，让姣娘的面子往哪放呢。

想到这里，王安石悄悄退出门去，走到院子里，看见一棵老槐树，就用树枝捅了树上的鸟窝，鸟儿受惊飞走，姣娘和仆人被吓到，仆人从后窗逃走了。

此后的日子，王安石一直装作不知道此事。直到中秋节的时候大家一起赏月，王安石才随口吟诗一首：日出东来还转东，乌鸦不叫竹竿捅。鲜花搂着棉蚕睡，撇下干姜门外听。姣娘一听，知道自己偷情的事被老爷知道了，羞愧难当。王安石念及姣娘年轻貌美，自己一个年过花甲的人，也是耽误了她，中秋节后，便赐予姣娘很多银子，让她和那个情人远走他乡了。

姣娘红杏出墙，让王安石戴了绿帽子，这在中国古代是绝对不可原谅的。王安石却能想到不公平的婚姻制度，从姣娘的角度出发原谅她，这是多么可贵的容忍之心。人们没有因为姣娘红杏出墙的事嘲笑王安石，反而都夸奖他大度宽厚。

所谓“宰相肚里能撑船”，就是宽容大度。有大气魄的人，不会苛刻待人，而是会原谅别人的错误，从别人的角度出发来考虑问题。

气量决定你的人生高度

古今中外，凡是成大事的人，几乎都具有常人所不具备的气度。他们能忍人所不能忍，能容人所不能容，能吃常人吃不了的亏，因为具有这样的品质，他们或是赢得人心，或是化险为夷，最终都成就了一番常人不能成就的伟业。

看看这些人的故事，我们能从中知道过人的气量有多么重要。

武则天作为中国历史上唯一的一位女皇帝，能打破规矩得到天下，可以说与她过人的气量有密不可分的关系。

一个女人成为皇帝，不满的人自然有很多，扬州李敬业在武则天登基后起兵造反，当时有名的文人骆宾王起草了讨武檄文。檄文曰："昔冲太宗下陈，曾以更衣入侍，洎乎晚节，秽乱春宫，潜隐先帝之私，阴图后房之嬖。入门见嫉，蛾眉不肯让人；掩袖工谗，狐媚偏能惑主。践元后于翚翟，陷吾君于聚麀。加以虺蜴为心，豺狼成性，近狎邪僻，残害忠良，杀姊屠兄，弑君鸩母。人神之所同嫉，天地之所不容。"

真是骂得畅快淋漓，这对武则天而言是莫大的侮辱啊。这个骂法让那些看檄文的大臣都变了脸色，大家不敢作声，都害怕武则天勃然大怒祸及自己。

武则天看过檄文，不但没有生气，还大大赞赏了作者的文采，说作者是难得一见的人才。夸奖完后，武则天询问谁是文章作者，当知道是骆宾王之后，她没有责备骆宾王，而是叹息说："这样有才华的人竟然沦为叛逆，这是我们留不住人心的缘故啊。"

武则天慨然大气，对于骆宾王的声讨不计较，反而检讨自己没有做好，让有才华的人做了叛贼。若是没有这样的气量，纵然有再大的本事，武则天又怎么能让文武百官臣服在她一介女流之下呢?

作为站在权力顶端的人，过人的气量可以为你争取到人心，使有才华的人甘愿为你效力。能得到这样的好处，还有什么侮辱是不能忍的呢?

尼克松竞选美国总统的时候，基辛格是强烈的反对者。后来尼克松脱颖而出，最终成为总统，基辛格还是不服，一再讽刺挖苦他。

有一次在公开场合，基辛格直接指出："尼克松根本治理不好美国。"

对于这些讽刺和挖苦，尼克松表现得好像从来都不知道一样，反而一直提拔和重用基辛格。他敬佩基辛格的才华，谦虚地请他出任自己的国家安全助理。

面对尼克松的一再重用，基辛格终于感动，他知道尼克松不计较自己的质疑讽刺，反而看重自己的才华，不计前嫌重用自己，于是决定倾尽全力帮助尼克松。

基辛格凭借知识渊博和胆识过人纵横国际政坛，替尼克松出了很多好主意。他还成为中美建交的先行官，使尼克松在位期间实现和中国的建交，是国际上有名的外交家。

尼克松以他宽宏大量的胸襟赢得了骄傲的基辛格的尊敬和忠诚，成就了自己的事业，也在历史上留下一段美谈。

尼克松和武则天都是治国的人，他们需要有才华的人常常在身边帮助，需要人心的支持，而大气量正好能帮他们得到这两样东西。相反，没有过人的气量，最终就会失去人心，贤才离你而去，到时等待你的只有失败，还何谈成就事业？

楚汉战争时，一位有识之士建议项羽在关中建都称王，项羽没有采纳，这人从帐中出来之后便发起牢骚，大概觉得不解气，又说：“楚人是沐猴而冠！”以此侮辱项羽。

项羽知道之后勃然大怒，一介平民竟然这样讽刺于我，叫我颜面何存？于是，项羽下令抓住此人，然后立即将他杀掉，作为对侮辱自己的人的警示。

这位有识之士一死，大家都害怕了，即使有好的建议也不敢进言，采纳不采纳都是小事，丢了性命就划不来了！

项羽气量狭小，有识之士们都不再投靠他，项羽身边渐渐缺乏人才，再加上他的刚愎自用，原来跟随他的人也一一离去。失去得力的助手，没有好的计策，项羽节节败退，最后自刎于乌江边上，把天下输给了刘邦。

反观刘邦，对于比自己地位低下的人的指责和侮辱，不去计较，始终将天下大事放在第一位。

楚汉战争之前高阳人郦食其来拜见刘邦，恰好刘邦在洗脚，郦食其当面指责刘邦没礼貌，不懂得接见老者的礼仪。旁边下人都还在，刘邦没有发怒，反而赶快起身整理着装，道歉之后把郦食其请上座。郦食其对于刘邦的谦逊有礼很满意，向刘邦进言攻打陈留，将秦囤积的粮草弄到手。按照郦食其的计策，宛城不攻自破，刘邦入咸阳为王。

刘邦大度为人，礼贤下士，有才华的人都来投奔他，韩信、黥布这样名震历史的能人，都在他手下效力。

在楚汉战争中，刘邦的实力远远不如项羽。项羽出身名门，自小学习兵法，又神勇过人，一开始有很多人相信他能赢得天下而跟着他。刘邦却只是个市井小混混，无论是势力背景还是才学都不及项羽，却最后赢得了天下，这与项羽狭隘而刘邦懂得宽厚有很大关系。刘邦用他的过人气量把人才都渐渐吸引了过来，他的势力像滚雪球一样越滚越大，依靠这些力量，足以弥补他自身的不足。而项羽不能容人，对于别人的一点诋毁都不能饶恕，大家觉得他是不能听进劝言的人，为了自保也会离开他，更不会死心塌地为他效力。

刘邦凭借过人的气量赢得了有才华的人的帮助，赢得了人心，最终战胜了强大的项羽。

成大事的人，总能分得清轻重缓急，大小远近，一心只想着自己的事业，哪有时间去计较别人对自己的侮辱呢？吃了亏就大度对待，反而会给大家留下大气的印象，人们自然渐渐就会对你产生敬佩之心。

第六章

与其激他抵抗，不如让他惭愧

饶人，才能攻心

设想以下场景：你被人踩了脚但是却向踩你的人微笑，你被人诽谤但是对诽谤你的人并不记恨，或者是要你向一个与你有过节的人主动示好，这时候你会是什么心情呢？大概你听完后的第一反应就是："凭什么呀？"

是啊，凭什么啊？明明是别人让我们吃了亏，我们为什么还要表现得这么友好？为什么？为什么？我们用一连串的反问，是要表达心中的不满。然而连续的质问也就只能是表达一下不满意，既不能平息愤怒，又不能解决问题。你每问一个"为什么"，你心中对于对方错误的不满就会加重一分，连续的"为什么"是一种反复强调，使我们心里对于自己吃的亏的厌恶更加强烈，这样，一件小事也许就会因为我们的过激反应而升级成大冲突。为了避免这样的情况，我们应该做的，就是记住一句俗语：得饶人处且饶人。吃亏的时候，不用"为什么，为什么"的心态来寻求平衡，而应努力让自己平静，学会原谅，宽容待人。

一天夜里，一位老禅师在寺院里闲逛，看见墙边有一把椅子，老禅师细细一想，觉得应该是有小和尚耐不住寂寞，趁着夜色翻墙出去玩耍了。老禅师移开椅子，原地蹲下等待。不一会儿，果然有个小和尚翻墙进来。小和尚踩着个东西就顺墙跳了下来，落地以后大吃一惊，原来自己踩到的是老禅师！他把老禅师的背当成椅子踩了。小和尚惊慌失措，连忙道歉反省，老禅师只是平静地直起身来，对小和尚说了一句："天色晚了，别在外面着凉，快点进屋去吧。"小和尚羞愧地进屋了。老禅师并没有把这件事说出去，也没有责罚小和尚。可是这件事还是在禅寺里传开了，众人都敬佩老禅师的度量，以后也没有人再偷偷翻墙溜出去玩了。

小和尚踩了老禅师，老禅师没有生气，而是关心小和尚不要着凉，发现小和尚破坏规矩，老禅师也没有追究他的错误，这是老禅师的度量，他给了小和尚反省的机会。正是这种度量，让小和尚的心中有了感激之情和羞愧之情，自然也就不会再犯同样的错误，其他人知道了，出于敬重和反省，也不会犯这样的错了。严厉的斥责有时会伤害他人的自尊心，即使是好意，也很难带来好的效果。我们应该多多体谅他人，以不伤害别人为前提，温和恰当地帮助别人。

班超出使西域，在试图结交龟兹国的时候碰了壁。龟兹国十分强势，说什么也不肯与大汉交好，班超没办法，就转而结交龟兹的邻国乌孙。乌孙国很友好地接待了班超，对班超所讲的大汉文化很感兴趣，便派出使者到长安访问，想亲自看看大汉的强盛。

乌孙的使者考察完回国的时候，汉章帝赠送给他很多礼物，并让卫侯李邑带人一路护送。从长安到乌孙途经天山南麓，这里是龟兹和疏勒正在交战的地方。李邑想到龟兹不与汉朝交好，要是发现自己是汉朝人，一定会追杀自己的。为了自保，李邑就上书朝廷，造谣说班超对大汉有不忠之心。奏折上说班超拥妻抱子，安于享乐，不思中原，还进一步诋毁，说班超联络乌孙以牵制龟兹的做法根本行不通。

班超受冤，上书朝廷为自己辩解，但在奏折里没有说李邑一句坏话，只是说明为什么要联络乌孙牵制龟兹。汉章帝并不糊涂，知道李邑为什么会写出这样的奏章，想要惩罚李邑的不仁之心，就下诏让李邑与班超会合，一路上作为班超的手下，听班超的调遣。

李邑接到诏书后十分沮丧，心下想着这回算是完蛋了，自己诽谤班超，班超一定记恨，现在去他手下做事，他一定会找茬欺负自己以报诽谤之仇的。李邑垂头丧气来到疏勒与班超会合，不料班超却以很高的礼仪接待了他。乌孙的王子要去长安，班超就派李邑陪同前往，而李邑之前护送的乌孙使者，则另外派人陪同。

班超手下不理解，问班超说："过去李邑败坏将军名声，这时正好可以留下来报复他，将军怎么不计较，还放他回去呢？"班超回答："只要是忠心帮助朝廷做事，就不怕别人在背后指点，我若是因为这样的事就扣下李邑，那气量也太小了，况且公报私仇，不是忠臣应该做的事啊。"

李邑听说了班超的话，感到十分惭愧，从此再也没有做过诽谤他人为自己谋求利益的事。

我们要尽量多为对方考虑，能不计较的地方，一定不要计较，能让他人三分的地方，一定对他人忍让三分，给对方留足面子，保护对方的自尊心，让对方自然而然地对我们心悦诚服，这是人际交往中的重要法则，是避免无益困扰的关键。

刘邦在南宫设宴招待群臣，席间，刘邦当着众人的面宣布封雍齿为什邡侯。大家都大吃一惊，只有张良笑而不语。说起雍齿，那正是和刘邦有很大过节的人。刘邦起兵时，雍齿无故降魏，给刘邦带来不小的麻烦。后来雍齿又从魏国降赵，最后投降张耳。因为张耳跟随刘邦，刘邦才收留了雍齿。以前是刘邦忙着打天下，没时间杀他，现在天下已定，雍齿没被削脑袋，反而封侯，怎么能不叫人吃惊呢？

雍齿封侯，其实正是刘邦治理国家的高明之处。当时大汉天下已定，刘邦论功行赏，自己的亲人朋友几乎都受到了封赏，而所恨的人都遭到了诛杀，这让很多人都起了戒心。这些人害怕刘邦以后会杀死自己，抱着患得患失的心态，就会有二心，想要谋反以求自保。刘邦当众封雍齿为侯，就是要向天下表明自己的气度，让大家知道，连雍齿这样的人都可以原谅，其他人就更没什么好害怕的，这样一来，那些想聚众谋反的人也就收了心思，刘邦的江山也会坐得更稳。用宽以待人的方式为自己赢得人心，刘邦懂得这个道理，张良也知道，所以在大家吃惊的时候，张良才笑而不语。

一个人能受到大家的尊敬，往往不在于其能力大小、知识多少或是样貌如何，而在于他拥有宽广的胸怀，能容人所不容。只要不计较得失，得饶人处且饶人，我们就能恩惠别人，也能造福自己。

以退为进：为竞争对手做点事

为朋友付出可以理解，为陌生人付出比较不易，为对手付出就更加困难。

有人难以理解，为什么要为竞争对手付出呢？你为别人做事，当然希望有所回报，这才符合人与人之间相处的公平原则，当你为他人付出没有得到回报时，就会有吃亏的感觉。而为竞争对手做事，不仅没有回报，而且往往是以损害自己的利益为代价的。这么明显的吃亏的事，我们为什么要去做呢？

为竞争对手做一点事，听起来费解，其实这彰显了一个人成熟的心态。吃亏是福，为竞争对手做事也能让你有特别的收获。

为竞争对手做一点事，能让自己变得更有气度。

20世纪90年代初，美国大选如火如荼地进行着，两位强有力的候选人——克林顿和布什——在最后竞选之前分别发表电视演说，为自己争取支持者。

演说中不可避免地要提到对手，此前布什已经把克林顿骂得狗血淋头，并且将两人在辩论会上提到的问题拿出来，逐一批评，指出克林顿的见解没有实际作用，根本不会帮到美国。但比起这位主要政敌的攻击，克林顿首先开口加以感谢，他感谢布什从一开始到现在和自己的竞争，让自己有了进步的机会，接着他陈述了布什从一名士兵到一位总统期间的种种贡献，称赞布什无论什么时候都做得很好。感谢完布什，他又提到另一位政敌佩罗，并且呼吁布什和佩罗及他的支持者联合起来，团结合作，在未来四年，在面对振兴美国的大变革中忠诚地服务于祖国。

克林顿的演讲让所有人大吃一惊，在最后为自己拉选票的重要关头，他竟然一直表扬对手，只字不提自己的好处，他诚恳地提出意见，对自己的竞争对手给予了最大的支持和尊重。这样的克林顿赢得了大家的好感，他的风度和气量让人称赞。

1992年11月，克林顿击败包括时任总统布什在内的所有对手，以41%的支持率成为美国新一任总统。远在异地的布什得到这个消息，最先打去电话祝贺，他表示听过克林顿最后一天的演讲，知道他将完成最伟大的竞选，并且调侃地叮嘱克林顿："白宫是个累人的地方，希望你时时用心。"

竞选中的演讲有多么重要，作为竞选人的克林顿应该比任何人都清楚，他却放弃这个标榜自己的好机会，转而夸赞自己的对手，这表现出了非凡的气量。正是这种气量为克林顿赢得了国民的好感，布什也与他放下恩怨，在他竞选成功时真诚地致以祝贺。

为竞争对手做一点事，可以体现一个人非凡的自信。

杨澜是当代中国有名的主持人之一，她的奋斗历程很艰辛，经过了很多努力才有现在的成就。

杨澜既不是广电学院出身，也不是艺术院校毕业，想进入新闻行业，没有任何竞争力。唯一的优势，就是她过人的英语口语。当时《正大综艺》要招主持人，有一项要求就是要英语好，杨澜鼓起勇气决定一试。

报名的人超乎想象的多，竞争十分激烈，经过整整七轮，杨澜和另一个女孩脱颖而出，成为最后的竞争人选。最后的试题很简单，制片人让她们各自准备五分钟，然后用英语谈谈为什么自己喜欢这个节目和主持行业。

制片人走到门口，却发现杨澜正在为另一个女孩子——她的竞争对手辅导英语。杨澜的做法引起了制片人的兴趣，他询问杨澜为什么要帮竞争对手辅导试题，杨澜只是轻描淡写地说："别人在英语上有一些不懂的问题，我就顺便帮她准备几句。"

这位制片人就是著名导演辛少英，他谈到当年的这件小事，说杨澜给自己留下了非常深刻的印象："当时只有几分钟的时间，每个女孩子都想得到那个主持人的位置，大家都在埋头准备自己的，可是当我路过的时候，杨澜竟然还在为别的女孩子辅导英语，我当时就觉得这个女孩非常特别。于是我带着好奇心去了解她，发现她能力也很出众，所以最后录用了她。"

好不容易来到最后关头，难道杨澜不知道对手表现得好一分，自己的机会就减少一点吗？难道她就不珍惜这来之不易的机会吗？当然不是的，她比谁都珍惜这来之不易的机会，她也懂得竞争的规则。知道这些还为竞争对手辅导，这是因为杨澜对自身有清晰的把握，对自己的能力有十足的信心。

看看我们周围，那些一点亏也不肯吃的人，不是小肚鸡肠就是缺乏自信，这样的人往往不会有什么出息。相反，那些不怕吃亏的人，常常是又自信又大度的人，这样的人也都很有能力，面对竞争对手，能表现出自信大度的一面，能从容地为自己争取成功。

为竞争对手做一点事，可以让自己更好地立足。

有一个蔬菜摊主，他的生意是菜市场里最好的，周围的摊主嫉妒他，总是把垃圾堆到他的摊位口。这个摊主也不恼火，就每天早晨早早起来，用水清洗摊位，不仅清洗自己的，还把周围所有的摊位都帮忙清洗一遍，久而久之，其他的摊主都不再嫉妒他，反而很喜欢他。

菜市场要私有化，由于这个摊主人缘好，大家都推荐他把市场承包下来，以前的蔬菜摊主摇身变成为各家饭店配送蔬菜的市场经理。渐渐地，他有了餐饮业的朋友，他把菜市场的菜都统一配送，还是不够，他就把商机让给和他竞争的其他市场，其他市场为感谢他，便介绍更多资源给他。手里有大量客户源，他开始将种子卖给农民，统一收购菜分配给市场，就这样，一点一点，生意越做越大，最后他成了蔬菜行业的霸主。

这位摊主正是凭借着为竞争对手做事，把生意一点点做大的。他自己吃点亏，为对手做一点事，最后，竞争对手反而成为对他事业帮助最大的人，只能说，这位摊主实在是聪明！

当我们拥有了成熟的心态，就会更加大气自信，就会用更加成熟的方式去面对竞争对手，甚至能为竞争对手做一些事，虽然表面上看是吃了亏，但最终会收获珍贵的人生财富。

对伤害过我们的人也要充满善意

看看历史上受到大家尊敬的人，都是心胸豁达，即使自己吃亏受委屈，也不会因此报复，反而能处处为他人着想的人。

北宋大文学家欧阳修以著名的散文《醉翁亭记》名扬千古。他不仅才华横溢，还是一位性情敦厚、光明磊落、襟怀坦荡、从不计较个人恩怨的正人君子。他曾在朝中担任过十分重要的职务，在此期间，曾向皇帝推荐过三位可以担任宰相的人选。这三个人分别是：吕公著、司马光和王安石。令人不解的是，这三个人都和欧阳修格格不入。吕公著曾猛烈攻击过欧阳修；司马光和欧阳修长时间政见不和；而王安石则十分固执己见，不愿与欧阳修多交往。可是，欧阳修不但不对他们加以报复，反而建议提升他们的官职。他宽大为怀的品德深受世人的称赞，成为后人推崇的榜样。

欧阳修不计前嫌举荐人才，为他赢得了名声和人心。他是为了国家大事而将私人恩怨完全放下了，战国时期的孟尝君，则是从他人的角度出发，为了他人的幸福而不计较自己所受的委屈。

孟尝君爱才，门下养着很多食客。

孟尝君有位小妾，年纪轻轻，长得如花似玉，是大家公认的美人。一日，孟尝君去这位小妾房内看她，却正好撞见小妾和食客私通。与小妾私通的食客，正是孟尝君近来很赏识的一位，也因此给了他更好的待遇，允许他在府上自由出入，没想到竟发生这样的事。

小妾和食客看到孟尝君进来，吓得双双跪倒在地，一边向孟尝君求饶，一边保证以后再也不敢了。孟尝君看着他们，长叹一口气，对小妾说道："你年纪轻轻又貌美如花，嫁到我这里来，在妻妾之中，怕是冷落了你，委屈了你，你有二心，我不怪你。"说罢，孟尝君命人拿来银子赠予小妾，当场将她赏给了那位食客，让他们拿上银子双宿双飞去吧。

小妾和食客羞愧得无地自容，感谢孟尝君的宽宏大量。其他的食客们因此而更尊敬他，其他的妻妾也更加爱戴他。

孟尝君吃了亏，但赢得了人心。比起勃然大怒地惩罚小妾和食客，孟尝君想到的是自己亏待了小妾，这样年轻的女子有二心也是可以理解的，最后，他不顾及自己的面子让小妾和她心爱的人一起去生活，这完全是从小妾的角度出发考虑问题。虽然吃了一个亏，大家却因此知道了孟尝君的为人，孟尝君借此赢得了大家的尊敬，如此一来有更多的人愿意跟着他，为他效力。

吃亏，无非就是自己谦让一点，做出一点牺牲，但如果能惠及他人，这有什么不好呢？欧阳修为国家举荐人才，孟尝君只想让一个年轻女孩过得更幸福一些，他们因此放下个人恩怨。处处为他人着想，这样的人，一定能赢得大家的尊重和敬仰。

这里还有一个更感人的民间故事，说的是闵子骞敬母的故事。

闵子骞是春秋末期鲁国人。他幼时丧母，父娶某姓女为继室。闵子骞素性讲孝，对待继母像生母一样孝顺。

继母接连生了两个儿子，于是对闵子骞开始憎恶起来，总是在丈夫面前说子骞的坏话，挑拨子骞与父亲的关系。冬天到了，天气十分寒冷。继母为两个亲生儿子做的棉衣，内里铺的是十分暖和的棉花；而给子骞做的棉衣，内里铺的是一点也不暖和的芦花。芦花是水中生长的芦苇开出的花朵，是到处飞扬的那种轻飘飘的花，哪里能御寒呢？所以，子骞穿着觉得冷得很，好像没有穿衣一样。而这位继母反而向丈夫说："子骞不是冷，他穿的棉衣也是厚厚的。他是太娇养了，故意称冷。"

一天，父亲要外出，子骞为父亲驾驶车马，一阵阵凛冽的寒风吹来，子骞冷得战栗不已，手冻得拿不稳缰绳，将缰绳掉到了地上，马将车子差点儿拉下了悬崖。父亲大怒，气得扬起马鞭，猛打子骞。子骞的棉衣被打破了，里面的芦花飞了出来。父亲这才明白了一切。父亲立即回家责骂后妻，要将狠毒的女人赶出家门。后妻像木头一样，呆呆地立着，羞愧得无话可说。子骞跪在父亲面前，哭着劝父亲说："母在一子寒，母去三子单，请不要赶走母亲。""母在一子寒，母去三子单"，这话说得多么诚恳感人啊！子骞的意思是说："继母在，仅我一个人是前娘的儿子，也只是我一个人穿芦花做的棉衣，因此，也仅仅是我一个人寒冷。而你将继母赶走了，你再娶一位继母，那么便有三个前娘生的儿子了。假如第二位继母生了亲生儿子，为我们三个前娘生的儿子做芦花衣，那不是穿着芦花衣服的就有我们三个人了吗？"

他的那位继母当时也被子骞的这两句话感动了，并下决心改过自新。从此，她把子骞当作亲生儿子一样对待。

受到继母这样的对待，一般人是忍受不了的，但闵子骞却能对继母表现出宽容。闵子骞念着家人，即使自己受了委屈也一再隐忍，还在父亲面前为继母求情，这正是他内心善良，将他人看得比自己还重要的缘故。子骞说的“母在一子寒，母去三子单”流传于中国的民间，人人为之感动，都说闵子骞是个孝子。

将他人的事看得比自己的事重要，才能不计较个人恩怨，吃这样的亏，是一个人品德高尚的体现。

第七章

分清芝麻和西瓜，不要因小失大

一定要想清楚，什么对自己最重要

生活中，很多人做事一门心思只考虑绝对不能让别人占了便宜，但却常常忽视了是否对自己也有利。因为他们觉得，便宜了别人自己就一定会吃亏。其实不然，便宜了别人的背后，往往你自己也收益不小，能看到这一点的人，就懂得利用吃一点小亏，换取大便宜。

有位老人独自住在英格兰，他拥有一座大宅子，无论是房屋本身还是地段都棒极了，只是老人膝下无儿无女，老伴又很早就去世了，现在老人身体渐渐衰弱却没人照顾，只好贴出广告卖掉自己的房子，独自搬到养老院去住。

消息一传出，想买房子的人就蜂拥而至。房子的价格被越炒越高，最后竟然达到了十万英镑，而且这个价格还在不断攀升。

有一位贫穷的青年也来到这里看房子，老人看他穿着朴实，不像是能买得起房子的人，就询问他是否是帮别人看房子。青年回答："我没有能买得起房子的钱，事实上，我只是一个打工的穷学生，我十分喜欢这房子，来这里是为了激励自己，以后努力工作住在这样的房子里。”老人听后就邀请他在家里喝茶，两人愉快地聊了一下午。

到了该告别的时候，老人问青年，你身上有多少钱。青年不好意思地掏出口袋，说自己只带了一英镑。老人微笑着说：“我愿意把这间屋子一英镑卖给你。”青年不敢相信地睁大眼睛，老人说：“我只有一个条件，就是我仍然住在这间屋子里，如果我生病了你就负责照顾我，等我去世，这间房子就是你的。”

老人一英镑卖出房子的事很快就成了整个地区的头条新闻，大家都不敢相信，老人竟然放弃十万英镑而选择一英镑卖给一个穷小子，看来他是真的老糊涂了。

其实，老人心里也有自己的打算，在和那个青年聊天的过程中，老人就发现他是一个心地善良的孩子。老人没有孩子，留下那么多钱又有什么用呢？对老人来说，最珍贵的是一个幸福的晚年，青年答应赡养自己，自己不用待在敬老院孤独地死去，而是有人照顾，在晚年就像再次有了家人一样，这难道不是最好的报酬吗？一个安宁的晚年再加一英镑，怎么不值这座房子呢？

你看，让青年如此便宜地拥有这么好的房子，老人吃亏了吗？显然没有，老人非常懂得对自己来说什么最重要，从他的角度来说，一英镑买一个幸福的晚年，他才是真正占了便宜呢！

2006年，汤姆进军中国市场，和易趣共同投资一家公司，在惠特曼和汤姆的交易中，易趣投资4000万拿到49%的股份，而汤姆用2000万获得51%的股份。

以会做生意闻名的易趣，怎么会做出这么吃亏的交易呢？

惠特曼这么精明，自然是心里早有打算。汤姆正是起步阶段，缺的就是钱，这部分正是易趣能提供的。易趣进军中国以来一直连续亏损，究其原因就是C2C业务（个人与个人之间的电子商务）太难打理，而且面临着淘宝这位中国网络交易巨头的压制。易趣的东西并不便宜，唯一有特色的就是跨境交易。

易趣提供高额资金却占据少量股份，正好符合汤姆现在的需求，看起来是吃了亏，实际上在这背后汤姆以高额股份收购过来的业务正是易趣难以打理的C2C业务。易趣推掉了让自己亏损且无法处理的业务部分，又保留了具有特色的跨境业务，公司压力自然减轻。同时，汤姆打理出色的业务易趣虽然占有的只是小部分的股份，但仍然是有分红的，这样算起来，反而比以前赚得多了。在源源不断的利润面前，失掉的股份只是小意思而已。

易趣的商业策略，就是舍小求大，便宜了别人但并没有亏着自己，反而让自己从中获得更大的利益。

给别人占便宜自己并不吃亏，这是聪明人能看到的。他们懂得吃亏是福，因为便宜有大小，你让别人占点小便宜，换取真正重要的利益，这就是把吃亏转化成福气了。

一位中小企业的董事长常常给下属额外的福利。除了国家规定的节假日加班三倍工资以外，只要节假日有加班，他就亲自包好红包，写好感谢信，送到每一个加班的员工手上。对于这些额外的开支，他从来不计较，还常常称赞自己的员工，不论他们在公司的哪一个岗位上。

每次有新的员工进公司或者是有人晋升，他都会亲自买礼物到办公室去祝贺。

这位中小企业的老板可不是脑子烧坏了，企业本来就不大还增添额外开支。他是知道，正因为企业不大，这些事做起来才容易，因为员工少，他都能顾及得到。这些额外开支看起来耗费时间又吃亏，但实际算起来都是些小恩小惠。但正是这些小恩小惠，唤起了员工感恩的情绪，每一次小恩小惠背后，员工都会为他生产出价值，那些有能力的员工也因为这些关系不会选择跳槽到更大的公司去，而是留在这里为自己效力。

公司人员稳定，人才不会流失，后来赶上金融危机，很多同类的公司都倒闭了，这家公司却在大家的齐心协力下渡过了危机。

这位老板就是个非常聪明的人，那些额外的奖励是增加了公司的额外开支，但是那些小恩小惠造就的人情，才是老板收获的大便宜，每一份人情背后，都有意想不到的价值。

便宜有大有小，有的人眼界狭窄，整天想着不要让别人占到便宜，却忽略了便宜了别人也能惠及自己。分不清大小，死死守住一点利益不放手，结果不但没占到便宜，还便宜了别人。看事情的时候把眼光放长远一些，分清事情的大小轻重缓急，我们就不会为一点小亏斤斤计较，还能学会主动吃一点小亏，给别人一点小便宜，以换取自己要的大便宜。

代价最低的自保之道：难得糊涂

利益冲突，是我们在生活中产生矛盾的根源。人人都有趋利避害的心理，当我们和他人发生利益冲突的时候，自然而然会维护自己；而双方的对抗，会使矛盾愈演愈烈。

但是仔细想想，你也许会发现，在这些眼前利益、表面利益之外，也许还有无形的利益掺杂其中，但却被大多数人忽略了。锱铢必较的争斗，并不让人觉得你很精明，因为有些重要的账你并没有算。

而人际争斗，哪怕是小的争斗，也可能引发连锁反应，演化成大危险。精通世故的人，都懂得防微杜渐以远离危险。

宋朝尚书杨玢晚年辞官回家，无忧无虑地与家人安享剩下的时光。

有段时间，后院总是传来嘈杂的声音，管家叫人去看，原来是邻居想要盖新的住宅，嫌原来的地方不够大，就私自凿掉杨玢家的后墙，将他们的旧宅占去了一半的地。

管家把这件事告诉了杨玢的侄子们，侄子们立刻聚集在一起写好诉状，准备上告邻居。

杨玢知道了这件事，把侄子们都叫到书房来问他们："你们为何要状告邻居？"

侄子们回答："他们不经过我们同意就把旧宅占去一半，简直欺人太甚，这自然是要告他们的。"

杨玢又问："是我们的家宅大还是他们的家宅大？"

"我们的大。"侄子们回答。

杨玢接着问道："占去我们的一半旧宅之后是我们的大还是他们的大？"

侄子们又回答："还是我们的大。"

"那不就行了，不用再告他们了。"杨玢说。

这是什么道理？杨玢难道是老糊涂了？侄子们全都看着杨玢，感到十分不解。杨玢看他们不明白，就指着窗外的落叶说："树叶原是长在树上的，但总有枯萎的一天，我们的家宅再大、钱财再多我们也总有死去的一天，这些东西争来争去有什么用呢？"

侄子们听完后呈上诉状说："您教训的是，我们本来还打算告他们的，现在不再计较了。"

杨玢拿过诉状，提笔在上面写了四句话：四邻侵我我从伊，毕竟须思未有时。试上寒光殿基望，秋风衰草正离离。

杨玢的意思，正是说要在私利上看透一些，遇事就退让一步，不必斤斤计较。

侄子们听了杨玢的话，家里再也没人提这件事，就好像杨家人并不知道自己的旧宅被人占走一样，倒是盖起新房的邻居对于杨家人感到十分不好意思，常常上门拜访，表现得很客气。

毫无疑问，杨玢是个大度的人，而且看透世事，超脱了世俗利益的牵绊，境界很高。不过，从另一个角度解释这件事也说得通。在中国古代，下台的高官不得善终的案例比比皆是，原因很简单，就是多年的官场生涯，恩怨情仇如蛛丝密结，随便哪条线都有带来大麻烦的可能。因此，深谙世故的官僚们，大多养成了“和为贵”的习惯，吃亏的时候算的不仅仅是表面账。所以杨玢才告诫子孙，对利益要看透些，遇事退让一步，不必斤斤计较。

古今中外，越是成就一番事业的人身上，类似的事就越多。有的人吃亏不计较，是为了不惹麻烦，有的人是为了不妨碍更大的利益，有的人是为了维护自己的名声。

于右任是中国著名的书法家，他的书法在当时十分受欢迎，很多有名的、有权的、有钱的人都争相收藏他的作品。

很多商人知道于右任的名号，但是又出不起钱购买他的书法作品，于是就找集市上一般的书法人做一些招牌，署上于右任的名字挂在自己店里招揽顾客。

于右任的学生上街吃饭，在一家小饭店里看到署名于右任的招牌，招牌上的字歪歪斜斜，下笔轻重不分，一看就知道不是自己老师的作品。学生赶紧回去把这件事告诉于右任，说这家小餐馆欺世盗名，老师应该出来制止这样的行为。

于右任听完，缓缓放下笔问：“这块招牌上的字写得怎么样啊？”学生赶忙回答：“歪斜难看，整体结构都有问题，连我看了都觉得丢人。”

“哎呀，那可不行，你快告诉我那家小饭馆在哪里，叫什么名字？”

学生说出小餐馆的地点，以为老师是要去找他们评理，谁知于右任拿出笔墨，提笔写下那家餐馆的名字，末了还盖上自己的大印。

学生不解，问老师这是要干什么，于右任回答：“你刚才不是说那块招牌上的字惨不忍睹吗？人家盗用我的名声，说明非常认可我，但字写得太难看，毁的还是我的名声，既然这样，不如我就给他写个真的，把那个假的换下来，你看如何？”

学生听完老师的话，就又跑了一趟，把老师的真迹送到小饭馆去了。

小饭馆的主人收到真迹，即惊喜又愧疚，没想到自己造假竟然换来了大师的真迹，也没想到大师为人如此大度，店主只有深深感激了。

于右任的做法，体现了他的大度。同时也不得不承认，这大度里面也有对利益的考量。我们不妨重新读一下上述故事中于右任的话：“人家盗用我的名声，说明非常认可我，但字写得太难看，毁的还是我的名声，既然这样，不如我就给他写个真的，把那个假的换下来。”不得不说，这是对“该怎样维护自己的名誉”的考量。当然，这种考量无损于于右任的形象，谁不爱护自己的名誉呢？

于右任用“难得糊涂”的方式应对别人对自己利益的侵犯，胸襟宽广，处理方式很睿智。

能吃亏的人不会与他人发生过多纠纷，这样的人也必然会受人尊敬，历史上有很多因此而留下美名的人，王旦就是其中一位。

王旦和寇准同一时期被选拔上来，两人性格迥异，各有才华，很快就都成了朝廷的重臣。

宋真宗赵恒在位期间，王旦和寇准同在中央枢密院任职。两人性格不合，寇准就总是在别人面前说王旦的坏话，但是当别人问起寇准，王旦却总是称赞。赵恒觉得很奇怪，就问王旦为什么对于寇准的数次谩骂毫不在意，还总是帮寇准说话，王旦说："他说我的坏话，我并没有听到，若是有什么，我作为宰相这么久一定有失职的时候，他能这么说说明他为人耿直。寇准才华过人，我没有夸赞他，只是实话实说而已。"

一次，王旦的手下犯了错，寇准知道后马上向宋真宗赵恒汇报，王旦因此受到责备。不久，寇准的手下也犯了错，办事人员将这件事告诉王旦，希望他汇报给宋真宗，让寇准也受到责罚，但是王旦却把文件送给寇准，请他主动改正。

就是因为王旦每一次都通情达理，对寇准不计较、不报复，还总是不计恩怨举荐寇准，所以寇准最终放下成见，对王旦的为人赞叹有加。寇准十分愧叹、佩服王旦，以后逢人就夸奖王旦的大度。

用"难得糊涂"的态度面对吃亏，我们并不总是收获损失，你看，王旦就用吃亏换得了寇准的尊敬，进而赢得了更多人发自内心的敬佩。

大事上不能糊涂，我们一定要有是非观念，但在非根本的事情上，我们不妨糊涂，吃亏了权当不知道，成全他人，求个相互安好。这并非软弱，而是一种洒脱的生活态度，是宽容性格的体现。

小不忍则乱大谋

古人云：小不忍则乱大谋。

历史上有名的春秋五霸之一晋文公在登基之前一直由于弟弟夷吾的追杀而四处流浪。一路颠簸不能及时补充粮食，晋文公便在路过一处农田时向田中的农户讨要饭吃，谁知那农夫随手掬起一捧土来交给他们。农夫的嬉笑惹怒了晋文公，他一怒之下就要杀掉农夫，见此情景，他的随从狐偃立即劝阻他说：“主君，泥土代表大地，这是你要称王的兆头。”晋文公听罢压下了怒火，不仅不再想着惩罚农夫，还恭恭敬敬地把泥土收了起来。

从表面上看，狐偃一句话化解了晋文公的尴尬，正在气头上的晋文公怒气消了一些，农夫也因此捡回一条命。往更深层想想，当时晋文公正在逃亡的路上，最忌讳的就是惹出不必要的事端，假如当时晋文公一气之下杀掉了农夫，就很有可能暴露自己的行踪，让自己陷入危险之中，狐偃的处理方式从容大度，晋文公也是听得进劝言的明君，扔掉“一介草民竟敢嬉笑我”的想法，用忍耐换取安全。如果晋文公连这一点小委屈也忍不下，日后又如何能成就一番事业，成为赫赫有名的“春秋五霸”之一呢？

这是历史上传奇人物晋文公的一则逸事，更有名的例子来源于家喻户晓的名著《三国演义》中的“周瑜打黄盖”。

三足鼎立，曹操势力强大，于是吴国和蜀国便联合抗魏。曹操为了应对这个情况，就派出早前投降曹操的蔡中、蔡和两兄弟到周瑜的大营里诈降。周瑜何许人也，一下子就识破了曹操的计谋，早在曹操派出蔡中、蔡和两兄弟之前，周瑜和诸葛亮就已经提出火烧连营的妙计，只是还没想到能让曹操上钩的方法，这下肥肉自己送到了嘴边，哪有不吃的道理。于是周瑜假装上当，把蔡中、蔡和两兄弟接待到了大营。

周瑜的手下黄盖聪明过人，也想到了火烧连营的好方法，于是就在一天夜里潜入周瑜的帐中，把自己的想法说给正在静思的周瑜。周瑜一听便告诉他，这个想法已经有了，只是没有合适的计谋让曹操上当，现在有曹操的奸细来到我们帐中，想利用他们让曹操上当，只是有人要为此受些皮肉之苦。这是得不到好处的苦差事，也没有合适的人选。黄盖当场就表示愿意受此皮肉之苦，以报答主公的知遇之恩。

第二天帐中议事之时，黄盖、周瑜便上演了一幕主仆不和的好戏。先是周瑜提出的预支三个月粮草的计划被黄盖当面反驳，接着黄盖又奚落周瑜反正一月之内攻打曹操几乎如同谈天书，还不如早早投降了的好。听了这种长他人志气灭自己威风的话，周瑜顺理成章地“愤怒”了，他大声呵斥黄盖，并且下令将黄盖逐出帐外。谁知黄盖倚老卖老，仗着自己的身份资历不愿听话，一副完全没把周瑜放在眼里的样子。

戏演到这儿，周、黄二人的矛盾可算是达到了顶端，于是周瑜就要杀了黄盖。黄盖有才华又劳苦功高，左右的大臣纷纷出来为他求情，周瑜不听人劝，还把替黄盖求情的人拖出去施以棍刑。众人一看就急了眼，集体跪下来求情，周瑜碍于大家的情面，决定施以黄盖50脊杖棍罚。就这样，黄盖被当众脱去衣服，绑在柱子上受了50大棍，为了让曹操上当，一棍一棍都打得实实在在，不多久黄盖就皮开肉绽，昏过去好几次，看得人胆战心惊。

黄盖被打成这样，谁看来有所不满都是肯定的，看到这一幕的蔡中、蔡和中了周瑜的计，立即给曹操写了密信汇报此事。于是当黄盖让自己的好友，也是知道这件事实情的阚泽替自己到曹操大营送诈降信时，即便是狡猾如曹操，也信了个七八分。

送出诈降信后，黄盖拖着因为棍刑受伤的身体做足了戏码，又是约定暗号又是通过阚泽的能言善辩给曹操“洗脑”。曹操很快就完全掉进了周黄二人的计谋之中。

有了黄盖这个先锋，后面的事做起来一下轻松了不少。庞统潜进曹操军营，为生活在北方不熟悉水性的魏军献上将船只连在一起的“妙计”，诸葛亮的草船借箭也已让蜀吴大军有了足够的兵器。公元208年，一切准备就绪，诸葛亮设祭坛借东风，等到东南风起，黄盖就将准备好的20只大船装满芦苇干柴，浇上鱼油，铺好硫黄等引火的物品，然后用清布油单盖好，钉上钉子，并且按照早前的约定竖起向曹操诈降的标志“青龙牙旗”。

一切准备就绪，黄盖书信曹操约定当晚来降。曹操得意不已，和众将站在按照庞统的计谋连接好的船上观看，不料在距离曹操连营两里处，来降的船只突然起火，不仅烧着了曹操的连营，还连带烧到了岸上的军营。曹操大军无处可躲，不识水性的他们立即溃不成军。

赤壁之战，曹操元气大伤，蜀吴联合谱写了中国历史上以少胜多的传奇战役。黄盖在这场战役里扮演了极为关键的角色，一场皮肉之苦换来曹操的信任，从而改变了战争局势，谁能说黄盖的苦受的不值呢？从黄盖一人来看，他确实受到了不好的待遇，本身就年事已高，多年征战浑身是伤，50杖刑几乎要了他的半条命，但是从整个赤壁之战来看，这是战争中极为关键的一环，并且是能以最小的损失换来最大利益的一环。

有大眼光的人懂得权衡得失，晋文公是如此，黄盖也是如此。我们做事也是一样，不要因小失大，应能忍下一时一刻的损失，以换取最大的成功。

切莫因小失大

生活中，我们经常会遇到吃亏占便宜的问题，其实得到和失去是很难界定的事，也许现在你觉得自己吃了亏，但过段时间你就会发现老天让你吃亏是为了把更大的福气留给你。也可能你正在为一点蝇头小利伤神，投机取巧过后才发现后面紧接着就吃了大亏。

觉得吃亏或者觉得占便宜，都是我们的欲望在支配。世上有各种各样的诱惑，我们抵不住这些诱惑，过分地想要索取，最终反而失去了一切。因此，我们要分得清什么是真正重要的，不要因小失大。

小赵在一家饭店做收银员，一天早晨，一位顾客吃完早餐在结账时把一百元不小心弄掉了。顾客总共买了80元的东西，但是钱包里的零钱只剩70元，顾客不知道自己掉了钱，还以为是自己没钱了，就求小赵能先赊账给他，并保证自己下班后一定把钱还回来。小赵非常爽快地答应了。其实小赵早就发现顾客掉了钱，因为一时贪心，想把这些钱据为己有，所以顾客说赊账时才爽快答应。快到交接班的时候，小赵把一百元放进收银柜里，又找给自己90元，高高兴兴地下班了。谁知交接班的姑娘一打开钱柜查账却发现这张一百元是假钱，立马报告了老板。老板叫来小赵，问她为什么会有假钱，小赵只好说出实情，自己当时因为占到小便宜高兴昏了头，竟然疏忽大意没发现这是一张假钱。老板听后很生气，决定将小赵开除。临走之前，老板还对小赵说：你这种喜欢占小便宜的毛病不改，迟早是要吃大亏的，到哪儿都干不长久。

我们要守住的，从来不是一点点小利益，那些无足轻重的利益只能成为我们前进路上的绊脚石，妨碍我们取得真正重要的东西。

美国的多尔纳家族40多口人，于1846年10月带着自己的财产迁往加利福尼亚州。迁徙途中，一场大雪阻断了前进的路，他们不幸被困在关口里。

大雪阻断了道路，拉着财物的马车根本不可能通过，他们试图把马车拉出去结果弄得筋疲力尽。要想快点出去，只能扔下马车，放弃这个地方，冒险从关口出去寻求救援。多尔纳一家不想扔下财物，就决定原地等待。他们带的食物是有限的，再加上冬天的风雪使气温骤降，陆续有人死于饥饿和疾病。到了第四十天的时候，还是没有救援队赶来，多尔纳家只好派出两个人从关口出去寻求救援。从关口出去他们才发现，离这里不远处就有村庄，完全是他们能徒步到达的范围。村民很快就组织了一个救援队和他们赶到关内，剩下的人平安获救。

救援队的人听到他们已经被困四十天的消息很震惊，为什么那么长的时间竟然没有人愿意冒险出去求救？只因为不想放弃身边的财物就选择等待，结果在这漫长的等待中，有一半的人因为饥饿和疾病失去了生命。

放弃小的利益，是为了守住真正重要的东西，认清什么才是真正重要的，舍得眼前小利，是为了避免日后吃大亏。

20世纪90年代，三株公司在中国企业群雄榜上赫赫有名。三株公司是一家以制造药品为主的大型企业，最初以保健品起家，后来自己生产三株口服液并销售，渐渐涉及保健品、药品等各个领域，是山东省最大的民营企业之一。三株公司创立以来一直稳步发展，在业内口碑也是相当不错。

1996年的一天，一位名叫陈然之的男人找上公司，要求公司赔偿20万人民币，原因是其父陈伯然由于高蛋白过敏反应去世。陈伯然的家人认为，致敏原正是陈伯然两个月前服用的八瓶三株口服液。

三株公司认为，按照陈然之的说法，致敏原并不清晰，不能说明陈伯然的死是由三株口服液引起的，况且口服液的说明书上有禁忌事项，不能服用的患者可以参考说明书自行购买，公司并不承担责任。因此，三株公司拒绝赔偿。

1997年，陈然之将三株公司告上当地法院。1998年3月，湖南常德市中级人民法院最终判三株公司败诉，按照判决结果，三株公司要赔偿陈然之近30万元损失费，还要上缴1000万元的非法收入。

三株公司接到败诉结果，继而选择向湖南省高级人民法院上诉。湖南省高级人民法院经过调查，于1999年3月进行终审判决，案子最终以三株公司胜诉告终。

官司是赢了，但从1999年的4月开始，三株集团的全国销售量却急剧下滑，工厂被迫停产，几千名工人被遣散回家，三株公司这个曾经累积缴税18亿元的庞大帝国，就这样轰然倒塌。

究其原因，是在一年多的官司中，各家媒体争相报道，一开始的“八瓶三株口服液喝死老汉，公司不愿承担责任，被害人被迫起诉”就让三株公司敬业负责的形象在老百姓心里倒塌，一审结果之后更是雪上加霜，三株提出上诉，进一步加深了大家对它的负面印象，缺乏社会责任感的形象加大公众矛盾，虽然最后官司以胜利告终，但三株的公众信誉度却在一年的官司中被耗尽了。

虽然三株口服液并不是致死原告父亲的直接原因，但既然消费者已经被误导，三株就应该撤回产品进行市场调查。这个时候，赔偿的钱财不是最重要的，最重要的是公司在公众心目中的形象。三株集团不想赔偿他们不该赔偿的，却最终丢掉了整个市场。试想当初三株要是先给家属进行赔偿，安抚家属情绪，由公关团队出面解决问题，再进行市场调查还自己一个清白，岂不是更加有效的处理方式？不肯吃一个顾客的亏，亏掉了整个市场，这就是典型的因小失大了。

得与失总是相互依存的，因小失大不可取。

取舍得当

简州有一位姓邓的油商，大家称他邓老板，他家的油因为质量上乘而闻名简州。一天，家人传话说简州太守安重霸想要找他去下棋。安重霸是出了名的贪得无厌又刁钻，邓老板心中疑惑，好端端的，太守为什么会找自己下棋。邓老板来到太守府上，太守邀他下棋，却不准他坐下。邓老板只好站着陪太守下棋，一站就是一天。邓老板回到家，家人看他又饿又累，疑惑地问一盘围棋怎么会把人下成这副模样，他告诉家人，那安重霸让他站着下棋不说，没等他下一个子，安重霸就命令他退到一边，一直冥思苦想，很久之后才落子，一天时间也就下了十几个子而已。最惨的是，没分出胜负，第二天邓老板还得陪太守继续下棋。几天过去，邓老板就生了病。邓老板的邻居听说了这件事，来府上看望邓老板，邻居劝他送些家里的上乘好油给太守，邓老板不解，他都这样对我了，我为什么还要白白送他东西？邻居立即说他不会察言观色，那安重霸是出了名的贪得无厌，叫他去下棋，一看就是醉翁之意不在酒，说是下棋，其实是想占他便宜，邓老板不如就送他些油，给自己换个清静。第二天，邓老板就带着几十斤上好的油送到太守府上，果然，安重霸再也没有找他下过棋。

为官的贪婪，百姓就会跟着遭殃。像安重霸这样贪得无厌的人做了官是老百姓的祸事，但权势在他手中，我们硬碰硬不能得到好结果，在我们无法避开贪官的情况下，我们不妨舍弃一些小利益以求得自身的安稳。

巴尔扎克笔下有名的吝啬鬼葛朗台，每天就想着怎样收敛钱财，捡到别人家的东西就非说是自己的，害怕别人从自己这里拿走一点东西。就因为这样，他的一生都过得小心翼翼，不能放开和人相处，没有朋友，与亲人关系也很僵。不肯舍弃财富，他赔上的是自己快乐幸福的生活。而现实生活中的比尔·盖茨，经营着微软这样的大公司，每年都要无偿拿出大笔款项投入公益事业，不仅如此，他还表示要在自己的有生之年把财产的95%捐出去，除此之外，他还成立了“比尔与梅琳达·盖茨慈善基金会”，无偿帮助那些需要帮助的人，把自己的财富与社会分享。比尔·盖茨这样做，非但没有让他一贫如洗，或者像很多人想的那样做这种本都回不来的事情而破产，反而财富越积累越多，名声越来越好。微软旗下的员工崇拜他，客户信任他，这一切才成就了当今最伟大的公司之一——微软。比尔·盖茨舍去的是部分从商的利益，但换来的是长久的名声，名声就是隐形的财富，这终究为他赢得了成功。

舍与得总是相互依存的。不要把舍弃看作是吃亏，要知道，不舍得，就是不舍也不得，生活中一定要懂得在适当的时候舍弃，看清楚事物的根本，如此才能获得更大的利益。

齐王刘肥是汉惠帝刘盈同父异母的哥哥。刘肥从齐地前来看望汉惠帝，惠帝高兴，就设宴摆酒招待。汉惠帝的母亲吕后是出了名的心狠手辣，见到刘肥在宴席上坐上座，而身为皇帝的惠帝竟然坐在一旁，心下愠怒，就叫人摆上两杯毒酒给刘肥，想要毒死他。

席间刘肥起身敬酒，汉惠帝看见哥哥起来，一时高兴，也跟着起身，端起另一杯毒酒就要喝下。吕后一看急了眼，赶忙假装失手打翻酒杯。刘肥一看吕后的举动，立即领会到自己这杯也是毒酒，便找借口离开了宴席。

回到府上的刘肥知道吕后是要杀自己，担心不已。吕后为人歹毒，一次不成，保不齐哪一天还有第二次第三次，于是找来手下商量对策。

手下告诉他：当今圣上和鲁元公主是吕后仅有的两个孩子，齐王在宴席上坐了上座，吕后记恨，若是齐王能向鲁元公主献上自己的一个郡作为公主的汤沐邑，就能通过公主让吕后高兴，这样一来就可以换取一时的安宁，趁这个时间离开长安，回到自己的封地，方可保全性命。

主意倒是不错，但那可是一个郡啊，刘肥心下十分不舍得，可是仔细一想又别无他法，只好割出一个郡给了鲁元公主。吕后果然高兴，放刘肥离开长安，刘肥才保全了一条性命。

刘肥所占的封地有70多座城，割除一座，并不能真正撼动他的势力，若是他不割除这一座城，落个被吕后害死的下场，70多座城的封地就会被瓜分，齐国的势力也会彻底瓦解。刘肥手下出的这个主意，就是用适当的舍弃保全大局，把吃大亏的事化成吃小亏的事，取舍得当，让事情以最好的方式得到解决。

为大利，吃小亏

有人说吃亏就是占便宜，做人要能吃的眼前亏。这话的意思不是让我们埋头让人欺负，而是在遇到不公平待遇的时候多用脑子想想，从吃亏中得到能让我们获益的东西。

生活中总有人由于不肯吃眼前的小亏，反而在以后吃了大亏，还有人老是贪恋一点小便宜，最后反而什么便宜都没得到。

小常老家是农村的，高中毕业后进城打工，幸运地找到一家公司的电话销售工作。

进城以后，小常因为长途电话费贵，常常舍不得给家里打电话，现在做电话销售，不正好利用公司的电话行自己的方便吗？尽管这家公司有明确规定，不能用办公电话打私人电话，小常还是在上班时间常常用办公电话打私人长途。她觉得这样混在客户电话中查不出来，省下了话费，还能减少自己上班时间打客户电话的数量。这样相当于她比别人少干了活，但是却多拿到了钱。

同事一直暗示小常不要这样做，纸里包不住火，为这点小事被开除就太划不来了，但是小常不听，依旧我行我素，还让劝她的同事也和她一起这么做。

好景不长，小常被派去外地出差，到那里之后仍然是用办公电话打私人长途，结果被那里的部门经理发现了。部门经理没有当面戳穿，而是暗暗观察两周后把这件事汇报给了上层，出差一结束，小常就被开除了。

小常占了一点电话费的便宜，到头来却丢了工作，你说是划来还是划不来呢？小常这个亏吃就吃在个人形象大打折扣，利用工作之利行私人之便，给人留下爱占小便宜的印象，谁愿意雇用这样的员工？因此，要想让自己的事业有所发展，我们一定不能落下爱占小便宜的名声。

不仅不要想着占小便宜，还要勇于吃一些眼前亏。学着丢点小“芝麻”，等着抱回大“西瓜”。

王一扬所在的出版社人手很少，但是为了降低成本，老板没有再招人的打算。

恰好碰上一套二十几本的图书发行，整个编辑部的人就被派到发行部、业务部等其他部门帮忙，但是老板却说，这些活并不发给额外的工资。整个编辑部都炸开了锅，不给额外工资还派给我们这么多分外的活，当大家是不要钱的劳动力啊。

编辑部的人一个一个去跟老板抗议，说是怕自己把不熟悉的业务搞砸了，不愿意去其他部门帮忙。整个编辑部只有王一扬一个人没有抗议，而是从头到尾接受了上司的指派，在业务部、发行部帮忙，一帮就是一个月。

编辑部的老编辑看到了，就劝王一扬说：“小伙子别埋头让他们欺负啊，又不给你加钱，你何苦吃这个亏呢？”王一扬说：“没事，吃点亏就是占便宜嘛。”老编辑说：“这哪有什么便宜可占？你看看你，又是搞销售又是搞邮寄，还要取稿，再给他们帮忙印刷，根本就是干着苦力活呀。”王一扬还是一句话：“吃点亏就当占便宜了。”

两年以后，王一扬离开了出版社，自己成立了一家图书公司，没多久就搞得风生水起。以前的同事前来祝贺，才知道原来他早有自己开公司的打算，就是在吃亏的时候，把出版、发行、销售等流程都摸熟悉了，现在开公司才避免了走弯路。真的像他说的那样，从吃亏里占到了便宜。

在羡慕王一扬的成功之余，我们更应该借鉴他的智慧。他的成功告诉我们要学会把目光放长远，吃一点眼前亏，失一点眼前利，从而收获能让我们长远受益的东西。

春秋战国时期，公子小白与自己的兄长公子纠争夺王位，公子纠的师傅为了帮助他取得胜利，用箭射伤了公子小白。

争夺王位之战以公子小白的胜利告终，顺利继承王位成为齐桓公的公子小白向前来求和的鲁国提出要求，叫他们交出这位射伤他的师傅。

等到这位师傅被押到齐国，齐桓公没有杀他，而是立马任用他为宰相，其他人问起，齐桓公只说，此人才华过人，我现在治国需要人才，若是杀了他，得到的只是一时报复的快感，用了他，却能长久地为国家带来好处。这位师傅很感激，一直为齐桓公效忠。

这位师傅就是名震春秋的管仲，他帮助齐桓公治国，使齐桓公成为“春秋五霸”中第一个称霸的王。

齐桓公想要称霸天下，最需要的就是人才。其实齐桓公早就看中了管仲的才华，只是苦于没有机会让他为自己所用。管仲忠于自己的主人，所以才射伤齐桓公。齐桓公手下的人都建议处死管仲，管仲自己也觉得这下是死定了，但齐桓公心里可是打着小算盘呢，虽说挨了一箭，可是已经化险为夷了，并没有大碍。这时候要是处死管仲，顶多是报了个小仇，但要是放了管仲，管仲必定感恩自己，要是能利用这个让他为自己所用，那岂不是天大的好事？当时论才华，无人能及管仲啊！所以宽容对待管仲，就是齐桓公着眼于大处而做出的决定。做君王的，至少要有这个智慧和气魄才行。

做事分清大小，不揪住小的利益或者小的错误不放，着眼于更大的地方，是我们取得成功的必要素质。

创立了著名电子品牌“爱国者”的冯军先生，他的生意经就是“和别人比傻”。冯军先生有一段自述，表明了他为什么会有这样的“比傻理论”：

我跑到中关村，那儿有一个同学，他大二的时候辍学出去创业，现在在中关村干得不错。我找他商量，在他6平方米的小屋子里摆张桌子，占他三分之一的面积，付他二分之一的租金。这个买卖看起来吃亏，往大了看却对我是最划算的，因为它帮我省去了寻找出租位的租金，而那些租金是很贵的，同学觉得自己有利可图，就不会拒绝我。由此看来一时的让步并不是不划算的。

冯军先生一直抱着这样的理念做生意，成功以后有很多人向他请教成功的秘诀，他都会把“比傻理论”讲给别人听。他认为，不要因为芝麻丢了西瓜，把目光放长远，就是通往成功的途径。

舍弃小利换取大利，这是一个人有长远眼光和大智慧的体现。这样的人分得清什么是芝麻什么是西瓜，为人处事会从大处考虑，从长远考虑。不怕吃亏的往往不会吃亏，爱占便宜的反而占不到真正的便宜，吃小亏占大便宜，吃亏是福。

保全大局

我们的生活充满是是非非，总让我们感觉很麻烦，但仔细一想，这些是非大多都微不足道，面对这样的是非，最忌讳不分轻重，非要分个胜负，到头来自找麻烦，把一点小事弄到不可收拾的地步。

孔子的得意门生颜回在街上看到一个买布的人和卖布的人在吵架，买布的人大声说："三八二十三，你为什么收我二十四个钱？"

颜回上前劝架，说："是三八二十四，你算错了，别吵了。"

那人指着颜回的鼻子说："你算老几？我就听孔夫子的，咱们找他评理去！"

颜回问："如果你错了怎么办？"

那人回答："我把脑袋给你。如果你错了怎么办？"

颜回说："我就把帽子输给你。"

于是，两人一起去找孔子。孔子问明情况后，对颜回笑笑说："三八就是二十三嘛，颜回，你输了，把帽子给人家吧！"

颜回心想，老师一定是老糊涂了。虽然不情愿，颜回还是把帽子递给了那人，那人拿了帽子高兴地走了。

接着，孔子对颜回说：“说你输了，只是输了一顶帽子；说他输了，那可是一条人命啊！你说是帽子重要还是人命重要？”颜回恍然大悟，扑通跪在孔子面前，恭敬地说：“老师重大义而轻小是非，学生惭愧万分！”

三八明明就是二十四，孔子却故意说错，不是他老糊涂了，而是认为没有必要为了这样的事争吵。你想想，就算颜回证明了三八二十四又怎么样呢？就真的要为了这样的事要了那人的命吗？那未免也太可笑了。孔子亲身给颜回上了一课：面对是非分清大小，为了避免事情恶化，为了避免因小失大，我们不妨就吃个亏，这没什么。

松下之乱中，燕国的先君被齐国俘虏，燕国国小力微，不能报仇，只能委曲求全，侍奉齐国。

齐国同宋国打仗，要求燕国派兵支援，燕王派出自己的得意将领张魁作为使臣率领燕国的军队帮助齐国。可是却听到前方传来消息，说齐王杀死了张魁。

燕王非常气愤，想到自己要侍奉俘虏了先君的齐国，如今派兵帮忙打仗，齐国竟然杀死了自己的使臣。这是极大的侮辱，是可忍孰不可忍，燕王一气之下决定攻打齐国。燕王想攻打齐国的事被大臣们知道了，其中有一个叫凡繇的面见燕王说：“从前认为您是贤明的君主才跟随您，现在看来不是这样，请允许我辞官回家。”

燕王不解地问道：“这是为什么呢？”

凡繇说：“从前先君被俘虏，您为此十分痛苦，但是我们仍然忍气吞声侍奉齐国，不是因为我们没有志气，而是我们国力不够强盛，没有胜算。现在张魁被杀死，您感到气愤要攻打齐国，但我们仍是没有胜算，您这是把张魁看得比先君和国家还要重吗？”

燕王一听，就知道凡繇在劝他委曲求全，不要因小失大，让一时的愤怒左右而使国家陷入更困难的境地。于是，燕王赶紧向凡繇询问应该怎么办。

凡繇说：“请大王穿上丧服离开宫中到达郊外，派遣使臣到齐国，以客人的身份谢罪，就说‘这都是我的过错，大王您是贤德的君主，哪能杀死所有的使臣呢，单单是我们燕国的使臣被杀死，这是我们选择人的不慎重。请允许我更换使臣以谢罪’。”

凡繇的提议，对于君王来讲是奇耻大辱，但燕王还是接受了他的提议，重新派使臣到齐国，以客人的身份谢罪。齐王见燕王派来的使臣这样低眉顺眼，心里很是受用，就让使臣当着众人的面再次认错。

齐王派出地位十分低微的下人去告诉燕王，允许他返回宫室居住，以此来表示自己对燕王的宽恕。这又是新的侮辱，但是燕王忍耐下来，按照齐王的要求做了。

燕王忍辱负重，面对齐王的侮辱一再低头，但是私下里却求贤若渴，他通过重用郭槐吸引天下人才，又养精蓄锐，一心发展燕国国力，不久就使燕国国力强盛，有了攻打齐国的资本。

后来，燕王出兵攻打齐国，在济水一带大败齐兵，取得了胜利，一雪前耻。

在国家的安危面前，燕王受到的侮辱自然就是小事一桩，试想要是没有凡繇的进言，燕王一怒之下攻打齐国，恐怕早就亡国了，哪还能有后来的一雪前耻呢？在是非面前，懂得保全大局，就要能忍得小的不快。

重大义而舍小义，保大局而轻小利。不要让一时的小是非左右情绪，这对我们的人际交往、事业发展都有很大的益处。说到底，就是要分得清孰轻孰重，不值得计较的，一定不去计较。

1994年，诺贝尔和平奖的得主是两位政治上的冤家对头。一位是巴解执委会主席阿拉法特，另一位是以色列外长佩雷斯。

阿拉法特和佩雷斯一向在政治主张上不和，两人之间还有地位的较量和权力的角逐，他们互不服气又格格不入，阿拉法特曾多次在公开场合讽刺佩雷斯的为人及其政治主张。但是，在阿拉法特、佩雷斯和拉宾参加的巴以奥斯陆密谈会上，佩雷斯却不计前嫌，毫无保留地同意阿拉法特的主张，阿拉法特也放下成见，主动与佩雷斯求同存异。

阿以和巴以之间的冲突几十年来一直是国际政治中最难以调和的问题之一，周边人民都为此遭受了深重的灾难。阿拉法特和佩雷斯为了中东的和平稳定，抛弃个人恩怨，为会议最后达成的历史性协议作出了重要贡献，因此，诺贝尔委员会决定授予他们俩无上的荣誉。

在整个中东的和平与稳定面前，再深的个人恩怨，再难以调和的政治斗争，不都成了无须在意的小是非了吗？被政治对手讽刺过或是陷害过，都成为了不值得计较的事。阿拉法特和佩雷斯就是分得清孰轻孰重，不去计较不值得计较的，才为人类和平作出了巨大贡献。

面对生活中的各种是非，只要我们能分得清轻重，吃一点亏就不会觉得心里不舒服，反而还会更加平静，不再被这些不足道的小事困扰。

第八章

看清长远和眼前

不计较一时得失

成大事者不拘小节，凡事要着眼于大局，不要因为一时的得失而限制住眼界。得失常常处于变化中，不在意一时一刻的失利，为的是在未来获得成功。

1947年是中国人民解放战争的分水岭。由于经历了全面进攻的失败，国民党军队决定改变策略，以重点进攻解放区的方式向共产党实施包围，陕北首当其冲。国民党的战略政策一调整，毛泽东就做出了主动撤离延安的决定。共产党撤离延安之后，国民党将领胡宗南奉蒋介石之命进入延安，却发现延安已成为一座空城。胡宗南没有把这个消息告诉蒋介石，而是谎报取得重大胜利。就在国民党以为自己占领了解放区根据地时，共产党开始了以陕北高原为主的游击战和运动战，在羊马河、沙家店等地都取得了胜利，而国民党却由于这种疲惫的运动作战大伤元气，再加上屡屡失败，士气非常低落，3个多月后就放弃了对陕北的进攻。在山东，60多万国民党军队向解放区发动进攻，1947年5月陈毅、粟裕指挥华东方面军在孟良崮战役中，使号称“王牌部队”的国民革命军整编74师全军覆没，师长张灵甫身亡，国民党部队军全线撤退。1947年6月，刘伯承、邓小平率领大军强渡黄河，千里挺进大别山，直接威胁国民政府的统治中心南京和武汉；陈毅、粟裕领导下的华东野战军挺进豫皖苏；陈赓、谢富治兵团挺进豫西。三路大军互相策应，在黄河与长江之间的广大地区形成了一个“品”字形的战略态势，拉开了解放军战略反攻的序幕，整个战争格局从此发生根本的转变。

而这个战役的关键起步，就在于开始毛泽东所作的“放弃”延安的决定。毛泽东这个决定，当时有很多人不理解，一般遇到这种情况，绝对是以守城为主的，主动放弃已有的城池，这是战争的忌讳，而毛泽东却安慰大家：我们不要计较一城一地的得失……今天放弃延安，是为了将来解放延安、南京、北京、上海，进而解放全中国，拿延安换取全中国，是合算的。

毛泽东的决定，是在对敌我双方的军力情况进行了详细的分析，对全国土地斗争形势和战争形势做出了全面的判断以后作出的，放弃一个延安，却能保证以后在与敌人交手时以最小的代价换取胜利。

一时的得失不等于长久的得失，真正的智者懂得这个道理，他们的目光看得长远，知道自己最终想要的是什么，所以才不会计较一时一刻的失利，甚至通过主动失利的方式为自己争取长远的利益。

日本东京岛村产业公司及丸芳物产公司董事长岛村芳雄年轻时是一家包装材料厂的店员，这份工作薪水微薄，岛村没钱买东西，就把经常在商场和购物街闲逛，观察其他人手中购买的物品作为乐趣。

逛街久了，岛村发现每个购物的人都会提一个袋子，这个袋子就是用来装购买物品的编织袋。岛村从这里发现了商机，想要做购物袋的生意，但他没钱没人脉又没经验，这个生意该怎么开始才好呢？岛村思前想后，终于决定用“原价销售”法开始自己的生意。

所谓“原价销售”法，就是岛村以五毛钱的价格从工厂购置麻绳，再以五毛钱的价格卖给东京的购物袋加工厂，在这个过程中，他一分不赚。这样的生意做了一年，钱是一分没赚到，岛村的名声却在行内传得很远，大家都知道，同样质量的麻绳，岛村的最为便宜。

这时候，岛村再去进五毛钱的麻绳，就以五毛五分的价格售出。他诚心地告诉客户自己一直是以一分钱都不赚的方式替他们提取原料的，现在再这样下去只能破产了，所以为了生存，他决定将价格稍稍上调，希望客户理解。岛村的麻绳价格本就便宜得不得了，这样一说，客户也就完全理解他，为他的诚心所打动，同意继续订购他的麻绳。而提供给他麻绳的厂家听说他的事后，很吃惊世上居然有这样的生意人，决定将价格下调至四毛五分一条，就这样，岛村正式开始受益，几年之后就成了名满天下的商人。

人生在世，不可避免地会有成败得失，而能成大事的人眼光往往看得更高更远，因此也不会在一时一刻的得失上斤斤计较。如果把眼睛盯在一时一刻的得失上，就会一叶障目，看不见真正有价值的东西，从而丢掉长远的利益。

以前读过一个很有意思的佛教故事，说的是一位吝啬的商人一次碰到进城来卖鱼的渔夫，渔夫没卖到钱，要回家就要渡过大河，商人便借给他五块钱，好让他坐船渡过河去。渔夫回去后，三天都没有再进过城。商人担心渔夫不想还他钱，就花五块钱坐船渡过大河去渔夫家找他。到了渔夫家，发现家中没有人，商人只好又坐船回去。回到家后，商人心中始终觉得吃亏，自己的五块钱就这么白白没了，实在是太可惜，第二天早晨，商人又一次坐船渡河，去渔夫家找他要钱。这次渔夫在家，看见商人就痛快把钱还给了他。商人拿到钱，很高兴地说："终于把钱要回来了，要不就吃亏了！"

听完这个故事，大家都会觉得商人太傻，他只要回来渔夫借他的五块钱，可是来回的路费却整整二十块，更不要说他这两天来回路上还花费了时间和精力。商人只盯着眼前失去的五块钱，却看不到他为此花费了更高的成本。不要这五块钱又何妨呢？利用去渔夫家要钱的时间去做自己的生意，两天赚到的可不止区区五块钱。

看完故事，我们对不计较一时得失的道理肯定理解得很深刻了，但在现实生活中很多人做了和商人一样的事却并不自知，因为一时的失利失去理性判断的人比比皆是。无论什么时候，把眼界放大，把眼光放长远，不断地向前看，都是成大事需要的能力，也是人生的大智慧。

有计划地吃眼前亏

在这个商业化的时代，人与人之间的竞争最终目的就是盈利。考虑到最终要盈利，我们就应该学会在竞争的过程中有计划地吃亏，用暂时的吃亏来谋求长远的利益。

这就要求我们要有眼光，要能吃得起亏，胸中有数才能把吃亏最终变成盈利。

有位老总带领一个十几人的科技团队进行创业，但当产品做出来以后，他却遭到了员工的背叛——八位掌握核心技术的人员要求离开团队。

这八位员工掌握着核心技术，他们的离开就意味着带走了公司的绝对机密，而且他的账面上没剩多少钱了，创业初期本来开销就很大，公司剩下的人还等着靠他吃饭呢。但是要走的留不住，这位老板把这八个人叫到自己跟前，从本来就不多的剩余资金中抽出几乎90%给了他们做工资，并且同意他们离开公司的请求。

八个人本来想着只要能不赔钱就行，怎么也想不到老板会给他们这样的待遇，拿着钱就走了。公司剩下的员工对于他的做法很不理解，他却只是说："等等吧，再等等就会好起来的。"

然而他们没有等到一切都好起来，那八位技术人员用他给的告别工资做启动资金开了一家新的公司，做的就是他们公司的产品，成为他们强有力的竞争对手。这下剩下的员工更加惆怅了，大家毫不掩饰地把埋怨的神色挂在脸上，他却一点也不急，还是对大家说："再等等吧，我保证一切都会好起来的。"

那八个人的生意做得风生水起，这边老板的公司没有推出和他们相同的产品，而是埋头苦干，研发新技术，市面上的生意一直亏着，他一遍又一遍地安抚员工情绪，也许是他太坚定了，大家似乎也相信会好起来的，于是不再抱怨，只是一门心思完成工作。

半年以后，新产品上市，他们获得了很好的利润，令人没想到的是，那八个人的公司竟然垮掉了，这下，曾经被抢走的市场份额也回来了，公司赚了很大一笔。

公司的员工都觉得老板太幸运了，本来吃了个哑巴亏，最后反倒赚到了钱，真是菩萨保佑。老板只是会心地笑笑，说："不是菩萨保佑，这全在我的意料之中。"

老板告诉大家，当初创业那么艰难，新产品刚被研发出来就遭遇技术人员离职，本来是很让人恼火的事，但冷静下来仔细想想，那八个人为什么要离职呢？新产品已经做出来了，市场也是有的，只要开发市场，过不了两个月就能赚钱，这个时候离职，不就是因为觉得和我们待在一起分到的红利少吗？要走的留不住，但要防止他们把技术带到别的公司去。那时候给他们一大笔钱，正好能让他们自己开一家公司，自己开公司当然分红多，这就保证了他们不会跑到别的公司去。

他们自己开公司，必然会用已经研发好的产品，这时候，他们就会开拓市场，把这种产品推销出去。而我们只要不和他们冲突，研究新产品，开发新市场，从别的地方赚钱，就能保证他们的市场越来越大。这八个人没有一个学过管理，不懂得金融，我给的钱正好够他们开公司，余不出聘请管理人才的钱，他们的公司迟早会垮台。一旦他们垮台，他们开发的市场就会空出来，我们正好也保留着这种产品，正好占据这个市场份额。

大家听完老总的分析，全都佩服得五体投地，这才明白为什么老板总是让他们等一等，原来还以为老板是傻子，被人卖了还给人家告别工资，这样一看，真是有远见！

正是有明晰的判断，才让这位老板做出决定，在公司那样艰难的情况下仍然给违背合约要求出走的技术员工那么多工资。懂得舍近求远，这老板吃的是眼前的亏，占的是长久的便宜。

会吃亏，就是懂得在适当的时机吃亏，遇上吃亏的事，用退让的方式把它转化成对自己有利的情况，有计划地吃一时的亏，为长久谋福利。

王阳和李启东是大学同学，两人睡了四年的上下铺，对彼此很了解。

两人都是金融系的学生，毕业后不甘平凡，各自创业。王阳的公司干得风生水起，仅仅五年的时间就已小有名气；李启东却处处碰壁，失败了很多次。

经过多次失败，李启东决定来找王阳帮帮自己。这时候的王阳已经是个小小的百万富翁，他很愿意分自己的一杯羹给这位老同学。但是李启东加入之后，王阳却发现他确实不能胜任自己公司的职位，工作做得乱七八糟，对事情的判断力也很差，看来失败那么多次确实是有原因的。

鉴于工作质量太差，虽然碍着老同学的面子，但王阳还是委婉地批评了李启东。谁知这一批评，李启东就火了，他开始到处说王阳的坏话，还时不时在公司内部搞点小破坏，故意拖延工作进度。

王阳的秘书告诉王阳，不能再这样下去了，这是个中山狼，王老板在他落魄的时候救了他，他一点也不知好歹，强烈建议老板开除李启东。王阳告诉秘书："从我80万的账户中拨出50万给他，用公司的资源帮他创办一家公司。"秘书不敢相信地看着他，王阳说："我这样做是为了我自己。"

李启东在王阳的帮助下开了自己的公司，大概是王阳的举动让他觉得这人是个不折不扣的傻子，还很好欺负，非但没有感激王阳，还变本加厉地说起王阳的坏话，逢人就炫耀："我这么对他他都不能把我怎么样，还出钱给我开公司，你说他是不是又软又傻？"

李启东一直诋毁王阳，但王阳的名声就这样传开了，大家都不是傻子，一听这话就会想：被人这样对待还能宽以待人，这个王阳是个能合作的伙伴。结果，本来很多和李启东谈的客户听说这件事后，都改和王阳签合同了，王阳的名声越传越远，李启东却再一次输掉了自己的公司。

王阳的如意算盘打得很精明。留下三十万是他算过够自己市场化的资金，而给对方的五十万也是测算好了的，给的太少会让对方坚持不了多长时间，不够给自己赚名声的，这样的比例刚好，别人又会觉得他把大头留给了朋友。李启东在创业上的缺陷他一清二楚，那些市场李启东留不住的，迟早还会是自己的。这笔生意从眼前看是吃了李启东的亏，从长远看是利用对方的弱点占了个大便宜。

能吃亏的人是隐忍的人，会吃亏的人是睿智的人。那些会吃亏的人往往能洞悉他人的弱点，利用对方的贪欲和缺陷成就自己的事业。碰到无礼或者想占我们便宜的人，不妨就吃个眼前亏，有计划地利用他们的弱点占到长久的便宜。

主动让利，赚取明天

洛克菲勒在利马的大油田就像一个金矿一样源源不断地为其赚取大量财富，实际上在一百年以前刚刚发现它的时候，这个油田因为含碳量太高而被看作是废田。

利马的商人到处寻找人买下这块油田，想要把这个无法开采无法盈利还要花时间维护的烫手山芋送出去，但是没有人愿意买下来。

洛克菲勒就是在这个时候和出售油田的人进行了接触，出售油田的人满口保证一定会有提取的办法，洛克菲勒于是表示愿意买下这片油田。本来出售油田的人只是想把这个不挣钱的负担甩出去，看到洛克菲勒诚心想要买下油田，他们竟然又抬高了价格。

这片油田没有合理的提炼方法，而能提取出来的油又由于质量问题只能卖到15美分一桶，唯一的优势就是它看起来确实数量庞大。而对方并没有研究出合理的提取方法，所谓的保证也只是一个托词。

在洛克菲勒的董事会上，大家几乎一致否决了买下油田的提案，尤其是在对方开出的价格远远不合理的基础上。

这的确是一个赔本买卖，对方也是有意抬高价格，想趁此机会敲诈洛克菲勒这个大富商一笔，但是洛克菲勒好像感觉不到一样，还说："我会花钱去关心这个产品，不管是对方要200万还是300万。"

就在洛克菲勒不可动摇的决心下，董事会最终同意了他的决定，拿到钱又甩出油田的人也高兴地离开了。大家微词不断，都说洛克菲勒这么精明的人怎么这次像脑袋缺弦一样。

但是事实证明，洛克菲勒的吃亏其实是赚取了明天，不到两年的时间，新的提炼方法就被研究出来，成本大大下降，油的质量大幅提升，每桶的价格从原来的15美分上涨到1美元。洛克菲勒的标准石油公司在这里建成了世界上最大的煤油场，盈利增到了几亿元。

是啊，回看当初，洛克菲勒这么精明的人怎么会像脑袋缺弦一样呢？精明如他，难道还看不出来对方只是想把油田甩出去，顺便再从他这里多敲诈一笔钱吗？难道他不知道对方其实并没有好的开采方法吗？他当然知道，只是他比其他人看得更长远，这片油田一定会促成很多科研项目，只要有把碳酸提取出来的方法，这片油田就会成为令人震惊的大金库。既然对方想要钱，给他就是了，就算市场会亏本，就算价格不合理，就权当是投资了，因为真正的赢家，是要赚取更大的明天。

看看洛克菲勒的一生，处处充满了这种赚取明天的智慧。

洛克菲勒曾经用远远高于实际价值的价钱——7.5亿美元——买下实际价值不足5万美元的石油股权。这次也是因为他想买下股权，对方就一再哄抬价格，最后从谈判桌走上了拍卖会，在7.2亿美元资金的压力下，洛克菲勒毫不犹豫出价7.5亿美元，最终赢得了美国第一口油井的股权。

结果显而易见，石油就是个吸金的无底洞，正是这个无底洞成就了这位全世界最富有的人。

那些和洛克菲勒做生意的人总以为他们抓住了洛克菲勒非要不可的特点敲诈了他一笔，从他这里占到了便宜。其实洛克菲勒很清楚情况，他只是主动让利来得到自己想要的东西，因为他很明白，真正的便宜在后面。

如果能看得长远，就能学会主动让利，让对方得眼下的好处，把长远的利益留给自己。

隋朝时，李渊在太原留守的时候，经常受到突厥的进犯，李渊派兵出击，却几乎全军覆没。突厥不仅一再进犯，还挑起叛乱。在突厥的支持下，郭子和、薛举等人相继起兵造反，弄得太原不得安宁。

是可忍孰不可忍，部下全部进言让李渊率兵与突厥决一死战。谁知李渊否决了大家的建议，还命人带着金银珠宝主动去突厥求和，低声下气地屈节称臣。

突厥见李渊主动称臣，便不再挑起事端。李渊主动送上金银财宝，态度卑微，毕可汗认为他是真正臣服于自己，也不再派人监视汉军，还送他马匹让他回去了。

几年之后，养精蓄锐的汉军由李世民带领讨伐突厥，突厥打败，来唐朝称臣。为了求和，突厥不得不在李渊的使唤下在殿中翩翩起舞，远没有了当年的猖狂模样。

李渊当时主动退让，给突厥统治者想要的钱财和土地，正是为了长远作打算。

当时李渊手上只有三四万兵马，既要屯驻太原，应付突厥的随时进犯，还要进伐关中，根本就顾不过来，而且汉军一直就惧怕突厥士兵的骁勇善战。想要使突厥永远臣服，一举解决边疆问题，就需要养精蓄锐，让自己的兵力有根本上的提升，还要等到自己不再屯驻太原，手上有了真正的权力可以任意调遣兵力才行。

这是需要时间的事，但在这样的左右夹击下，李渊根本没有时间去发展军力。既然突厥有意进犯，那就让他得到他想得到的金钱和土地好了，用俯首称臣换取和平，为自己争取时间。

当你有长远的打算时，遇上别人想要有意让你吃亏，那就吃亏好了，因为你能看到，这是用暂时的吃亏换取长久的利益。

看事情的时候把眼光放长远，吃亏就成为一种策略，你也就不会因为眼下的吃亏而感到不平。你应该把吃亏看成是对日后盈利的投资，主动让利，以赚取明天。

为了长久地生存而让利

我们有一个共同的认知，那就是商人一定会把利益摆在首位。因此，能多赚一分绝对要多赚一分，能多拿一点绝对不让你一点，这几乎成了很多商人做生意的原则。一点点利益也要计算清楚，让利就更是不可能。

但是，这些一点点利益也要攥在手里不放的生意人，反而做不好生意，倒是那些懂得让利的，生意一直很红火。这是因为懂得让利的，用让出的利益编织了人脉，赚取了名声，也拉拢了顾客——这些生意场上最重要的隐性资产，为他们带来了长久的利益。

众所周知，沃尔玛的成功很大程度上就得益于它的低价策略。

举个简单的例子，沃尔玛的女裤进价每条0.8美元，售价是1.2美元，这样，每条女裤只有0.4美元的利润。按照普通的市场价格，这种女裤的售价应该为1.5美元，整整比沃尔玛多出0.3美元的利润。但是沃尔玛由于低廉的价格吸引了更多顾客，卖出的货是普通市场的3到4倍，从而增加了三分之一的利润。

这只是一个例子，实际上，沃尔玛的创始人山姆·沃尔顿从1962年创立第一家连锁店时，就是靠着薄利多销赚取了大量金钱。在以后的经营中，薄利多销一直是沃尔玛的营销策略，他们打出天天低价的口号，最终把这个杂货铺开成在全球范围内拥有大量顾客的大型连锁超市，2006年，沃尔玛在全球百强企业中排名第一，把当时的石油公司和现代金融巨鳄房地产公司、电子公司通通甩在后面。

一个生产效率高的企业，一定要学会让利，这样才能提高市场竞争力。主动减少利润收入，会让顾客产生占便宜的心理，在你这里买东西，顾客觉得不亏，有一次就会有第二次，顾客还会带自己的亲朋好友来，时间长了形成口碑，小的雪球就会越滚越大，虽然当下确实赚得比别人少，但时间长了，一定会有很好的回报。

“全国百名致富能手”之一、全国人大代表李文鲜是业内有名的月季大王，他就是一个让利求生存、懂得细水长流的好例子。

1982年，南阳举办第一届月季展，李文鲜去那里买月季，大家价格统一，都是两块五一株。四天以后，李文鲜把价格降低了一半，变成一块多一株，减去进货价和摊位费，几乎就没什么利润，大家都说他是个傻子。南阳一位宣传干部知道了他的事，问他为什么这样做，他说：“我想给顾客一个合理的利润空间。”这个宣传干部觉得他是个怪人，回去后就写了一篇文章发表在《半月谈》上，结果全国各地都有赶来要和这位“傻”老板做生意的人，李文鲜的月季生意，就从这时候开始飞速发展起来。

每一次给客户发货的时候，李文鲜都会多发一些，有人问他为什么能狠下心让自己吃亏，他总是用“割肉理论”来解释：你上街买了两斤肉，你回家一称正好两斤，你不会有什么感觉，但是如果你发现是两斤一两，你心里一定很舒服，以后还会去那一家买，如果差个三两，你下次一定不会去了。

李文鲜就是利用顾客这种感到占到便宜的心理拉近顾客，一天吃亏两天吃亏，长久下去顾客慢慢变多，老顾客会形成固定客户群，利润反而比卖得贵的时候多了。

做生意注重利益不假，但重要的是生意要做得长久。有道是细水长流，想要生意兴隆，就要学会让利的生存之道。但是现实生活中能够主动吃亏的商家毕竟只占少数，大多数商人太过精明，一点点亏都不愿意吃，最后聪明反被聪明误，生意做得一塌糊涂。

不愿意让利，这的确是人之常情，人很难拒绝摆在眼前的利益，更不用说本就该是自己的一份却要少拿一些。只有拥有长远眼光的人，才能舍弃眼前的小利益换取长久的大利益，你主动舍弃利益，拿小头，你就会获得顾客、员工的信任，顾客和员工有了忠诚度，和你的长期合作也就成了必然。

有一位做水泥的老板，生意出奇的好，他的合作者络绎不绝。别人需要天天跑到外面找销路，而他只要坐在店里就有人主动上门找生意。

老板没有背景，学历也不高，唯一的秘诀就是每一次合作，他都只拿小头，把大头让给对方，凡是和他合作过一次的人，都愿意和他继续合作，还会介绍给其他朋友。虽然他拿的是小头，但是客户多了，时间长了反而成了赚得最多的一个，生意也比其他同行做得容易些。

与这个老板有着相似生意经的，是爱国者董事长冯军。

冯军在中关村的时候，有个外号叫“冯五块”，就是他无论什么东西，都只赚你五块，这个听起来有点荒唐，小东西还好，少赚一点就少赚一点，大东西不是相当于赔本吗？但就是这个荒唐的五块赚法，让冯军成为中关村第一个被批准的个体户，络绎不绝的客户就是他最大的利润。

在之后的生意中，冯军也是一直保持着让利的作风，无论是对对手还是对朋友，该他两份的，他拿一份，该别人一份的，他给人家两份，一时之间看起来吃亏，长久下来全成为他能成功的铺路石，由此他谱写了一段传奇的创业经历。

拿小头的人能把生意做大，做大生意更需要拿小头，才能把生意做久。无论是薄利多销，还是细水长流，都要先学会吃亏，从吃亏中寻找商机，构筑人脉。有长远眼光的人能看到这一点，能吃眼前的亏，等待时间慢慢把它变成福气，变成成功的基石。

赚钱的买卖从赔本开始

人们常说，千做万做，蚀本的生意不做，但是身在商场难免吃亏，一毛不拔的不一定能赚到。想要让生意长久获利，就要学会在适当的时候主动吃一点亏，赚钱的买卖从赔本开始，蚀本也是一种策略。

上海有一家海鲜店，刚开的时候正是海鲜行业不景气的时候，再加上当时上海餐饮业竞争十分激烈，这个投资风险很大。

这家海鲜店的老板是个广东人，亲朋好友知道他的想法后都劝他，这样太冒险，只怕是输得连本都回不来。老板说自己很喜欢上海，在那里开个海鲜店是多年的梦想，至于困难重重，他自会想办法。

经过几个月的努力，老板的店终于开了，开业之后，意外的生意兴隆，上门的顾客络绎不绝，不到一年时间，就开了四家连锁店。

同类的店铺不是转行就是倒闭，老板的店却开得这么好，广东的亲友好奇，跑到上海一看，顿时傻了眼。

原来，这家店打出招牌，吃一百元，送一百元；吃一千元，送一千元，吃多少送多少，绝不欺骗。有人在刚开业的时候看到这牌子吓一跳，特地去试了试，结果吃了一百元真的送了一百元礼券，在附近的商场得到了同等价值的商品。有个顾客吃了三千多，竟然从商场抱了一台彩色电视回家。

以往的餐店，消费一百送一百的话，是指一百元的餐券下次能抵百分之十的消费，就是说一张一百元的礼券要分十次来花，你消费100，需要付90，说穿了，就是打个九折。你赢的一百元的礼券，要花900元才能用完。而这家店送得这么实在，顾客们一方面不理解，一方面抱着便宜不占白不占的心理往店里跑，小店很快就供不应求了。

这个生意怎么看怎么赔，怎么还会因着这种方式把生意做大呢？其实，一开始确实是赔本的，但是时间一长，很多商场都开始和老板合作。商场有指定在海鲜店消费的商品，这些商品大多数是过剩商品或者压仓货，老板用低廉的价格从商场购得，再用高于进货价低于市场价的价格卖给来海鲜店吃饭的顾客，这样，顾客觉得自己买到了便宜东西还白吃一顿，自然不会挑剔，商场解决了过剩商品，也不亏。海鲜行业本来利润就很高，老板拨出利润的三分之一，就可以满足这种消费循环。

一开始赔本，是为了打开市场，为了提高自己的竞争力，等到一切条件都具备，客户有了，毛利有了，生意渐渐大起来，亏掉的都会赚回来，生意会越来越好的。

万事开头难，在市场上一开始难以立足的时候，不妨主动吃亏，让自己先拥有立足之地，站稳了脚跟，再赚也不迟。

美孚公司刚开始进入中国的时候，中国人还没有使用煤油灯的习惯。美孚公司做了很多努力，使出浑身解数推销，依然收效甚微。本来打算全面进入中国的，结果一开始就碰壁，在上海立足都很难。

后来，美孚公司制定一条规矩：谁买两斤美孚煤油，就免费赠送一盏煤油灯。

美孚赠送的煤油灯很是精美，价格绝对远不止两斤煤油，两斤煤油本来也不贵，还能白捡一盏煤油灯，买油的人一时间趋之若鹜。

美孚的赠送活动持续了整整一年，总共赠送出去80万盏煤油灯。这一年在上海，美孚没有盈利。一年之后，这样的便宜活动停止了，但是很多家庭已经培养起了使用煤油灯的习惯，即使不再赠送煤油灯，大家还是一直购买美孚煤油，就这样，美孚打开了上海的市场，为他们以后全面进入中国奠定了基础。

买油赠灯，在消费者看来是打着灯笼也找不到的好事，买的人自然就多了，买了煤油，又有煤油灯，大家就会培养使用煤油灯的习惯。美孚的做法看起来是赔本，实际上是在利用这80万盏亏出去的灯为自己培养客户。

人人都说赔本的买卖没人做，但是在市场竞争越来越激烈的今天，聪明的商人就知道从吃眼前亏开始，降低门槛来迎客，巧妙运用赔本，就是为自己攒资本，这是很精明的策略，是舍弃眼前而求得长远。

上面的例子听起来有些遥远，美孚公司和广东老板都是本来就有很多资本的人，这里有个江苏民间的小故事，也能说明欲取先予的道理。

有个小媳妇刚过门就死了丈夫，日子过得很艰难。没有固定收入，小媳妇想学习刺绣手艺以养家糊口，但是买不起针线，也没有钱找老师。

思前想后，这个小媳妇决定凭借着针线活的底子鼓起勇气给要出嫁的人免费绣花。不仅免费绣花，还可以无限期返工，要求只有一个，顾客自己带上针线材料。一段时间之后，村里有婚嫁的都找她绣花。虽然一开始手艺不好，但由于本来就是免费服务，又可以返工，人们也就没有什么怨言。

这样几年之后，小媳妇练就了一手极好的手艺，在方圆百里也小有名气。这时候，“义务劳动”是时候结束了，毕竟这样下去，也就没饭吃了。小媳妇开始收钱，来找她做过活的人知道她家的情况，十分理解她要钱的举动，有的看她要得少，还主动多给一点，说是她日子过得苦，给大家做了这么多事，应该收的。

小媳妇的绣花生意越做越大，绣花的价格也越来越高，甚至比城里价格还高，但是上门绣花的人仍然络绎不绝，小媳妇的服务和手艺都是最好的，大家觉得这钱花得值。

小媳妇的绣花生意，就是典型的先赔后赚。虽然大小不同，但和美孚的做法如出一辙。在职业生涯刚开始或处于低谷时，主动以低于市场价格的方式提供服务，在这个过程中，可以完成自己资源、技术或其他关联资本的积累，以赢得日后长远的发展。

做生意就是为了赚钱，能做赔本买卖的人不是不懂这个，只是他们能看得更长远，知道“损己——利彼——利己”的道理。主动做一些赔本买卖，是一个赚取隐性资本的过程，这需要一些时间，等到时机成熟，隐性资本就会爆发出来，为你带来源源不断的好处。这是欲取先予的智慧，是舍近求远的策略，从这一点上来看，吃亏就是福气。

吃亏是给成功做投资

凡事要想有所收获，总要先有所付出。在一件事情里投入的资本是你日后赚取利益的关键因素，这个道理生意人都懂。

王树经营着一家以出售自动清洁机为主的公司，客户不多却麻烦不少。曾经有一家外地饭店订购他们的清洁机，发货后一个礼拜，饭店突然打来电话说机器在运送过程中有所损坏，因此要求退货。王树立即派人去调查，却发现根本不是运输的问题，而是其饭店本身在组装的过程中操作不当引起了机器损坏。这本不该是王树的公司来承担责任，但王树却一言不发地找来维修人员，不仅承担了全部的维修费，还在修好后重新把机器送到了这家饭店。

看起来王树是吃了个哑巴亏，周围的人都很不理解，你说又不是你的错，凭什么忍气吞声地就把亏吃了。谁知道不久之后，这家饭店又找上了王树，这次不是找麻烦，而是一下子定了比上次多十倍的货。

王树的做法为他赢得了客户的信任和好感，通情达理又能忍让，这样的商人谁不愿意和他做生意呢？试想当时如果王树据理力争，不是我的错就不是我的错，那也就没有现在更大的买卖，看起来一时是吃了亏，可是却把麻烦的客户全都变成了长期的合作伙伴，生意最终蒸蒸日上。

王树吃客户的亏，其实就是在给市场作投资，吃点小亏，赢取的是客户的信任。市场不仅仅是客户源，口碑也非常重要，好的名声一传十十传百，形成巨大的潜在利益，总有一天会获得好的收益。

赵经理管理着汽车装配厂的一个车间，一次车间的大型机械出了问题，经过排查，是机器里一个小小的部件磨损造成的，这种配件很难买到，但如果不配上，每停工一天损失就不下十万元。赵经理急得火烧眉毛，无奈之下找到一直合作的给他们提供零部件的李老板求助，李老板的公司本是不出售这种配件的，听到老客户的要求，李老板立即答应下来，两天之后就把这种配件送到了赵经理所在的车间。后来赵经理才得知，由于这种配件十分难买，李老板接到电话后就联系了所有自己知道的零部件制作公司，打听到有个外地的厂子可能有货，就连夜订了机票过去，赶过去后发现只是相似的配件，并不能使用。李老板又打电话找到熟悉业务的人四处打听，终于在第二天早晨联系到一家有货的配件厂，李老板没有休息，匆匆上路取到了配件给赵经理送过去了。

那个小配件只有几千元而已，而李老板却来回奔波多次，赚的利润还不如机票钱多，而且这也不属于他们公司的业务范围，只因为是老客户的需求，他就觉得自己有责任替客户分忧。赵经理十分感动，就把这件事汇报给了汽车装配厂总部的领导，不仅是这个分厂，其他的分厂也纷纷向李老板下了订单，李老板的事就这样慢慢传开，以前是李老板出去拉合作，现在是有很多客户上门来找合作，生意越来越兴隆。

李老板做的事，看起来是吃亏，但是聪明人都知道，这是投资，给名声投资，好名声也是市场的一部分，它带来的是潜在的客户源。

会吃亏的人是聪明的，因为他知道吃亏就是给成功作投资。会吃亏，知道在什么时候吃亏，吃什么样的亏，也是一种智慧。

休布兰经营的斯维尔诺夫伏特加酒厂是20世纪80年代伏特加领域的市场霸主，然而这位霸主曾经在20世纪60年代遭到了严重的挑战。

斯维尔诺夫酒厂的对手沃尔夫施密特酒厂为了挑战它的霸主地位，拉开了一场以抢占市场份额为目的的价格战。沃尔夫施密特率先降价，让自己的伏特加每瓶比斯维尔诺夫便宜一美元，果然，这招一下子就见了效，斯维尔诺夫原有的市场份额被占去大半。大家都推测休布兰一定会用降价的方法阻止沃尔夫施密特的进攻，但结果令人大跌眼镜，休布兰不仅没有降价，甚至将价格又向上调升了一美元。这种时候上调价格，结果只有一个，那就是公司损失大量的利润。

就在大家为休布兰的决定疑惑时，斯维尔诺夫又推出了两款新产品，一款的价格和沃尔夫施密特一模一样，一种则比它便宜。这两种商品上市以后，人们立即抛弃先前因为便宜而购买的沃尔夫施密特酒，转而购买斯维尔诺夫的产品。靠着这两款新产品，休布兰很快就抢回了先前失去的市场份额，1982年，斯维尔诺夫以733万箱的销售量称霸市场，是它的对手沃尔夫施密特销量的6倍。

休布兰到底是怎样想的呢？其实很简单，按照当时的情况，如果不降价，的确会失去利润，但如果降价，我们不知道对手的底线在哪里，也许就会卷入一场无休止的价格战，而一味地降价最后只能减少产品成本，产品质量因此会得不到保证。在对手降价的时候，休布兰反而上调价格，即使销量剧降也在所不惜，通过这个举动告诉人们，我卖的伏特加是因为更加优质所以才价格昂贵。表面上看起来是吃亏，实际上是通过这种方式建立了品牌印象，让消费者有了“斯维尔诺夫更加优质”的品牌认识。有了这种品牌认识，后面推出新酒的时候，价格一样的情况下，消费者自然而然会选择品牌印象更好的那一个，休布兰就是用这种方法，保住了斯维尔诺夫的市场霸主地位。

休布兰的做法，是典型的用吃亏给成功作投资，他就是会吃亏、知道在什么时候吃亏、该怎么吃亏的人。在利润面前，他选择了更为重要的品牌口碑，这是让斯维尔诺夫发展的长久之计。

现实生活中，很多人就是看不清这一点，不肯吃一点小亏，反而失去了更重要的资本。看清什么是重要的，认识到吃亏是为成功作投资，这是获得更多的方法。

第九章

吃亏也要“有理、有利、有节”

广结善缘有捷径

因为人人都有趋利避害的本性，所以如果你自己主动吃点亏，让别人得利，就能让自己广结善缘，换来福气。

刘老板是个半文盲，可是他的百货商店却生意兴隆，经济危机那几年，很多竞争对手都被淘汰了，可是刘老板却挺了过来，还越做越红火。现在刘老板老了，要把店铺交给自己的小儿子，他对小儿子说：“我这店铺生意兴隆的原因只有一个，那就是不字加一点，一人一块田，家家日子好，人人笑连连。”小儿子想了半天，发现这是个福字，就问道：“有福当然好，可是怎么就说秘诀是福呢？福气可不是说来就来的。”刘老板笑笑：“福气自己来的办法只有一个，就是吃亏。宁愿少赚点钱，也绝不让顾客吃亏。只要来我们店里买东西，就保证让他们百挑不厌，保修包退，上门服务，负责到底。不光是这样，遇上不讲理的顾客也要让着，绝对不能让顾客吃亏，宁愿我们自己吃亏也要让顾客满意。”小儿子不解：“做生意的这样不就是赔钱吗？”刘老板说：“也许在一两件商品上我是吃亏了，但从长远来看是我赚了，世界上总是讲理的人多，哪能天天吃亏呢，偶尔遇上一次，吃个眼前亏却赚了名声，时间长了，来往的人就络绎不绝了，那些从你这里占到便宜的顾客也会因为感激而常常光顾，这不就是长久的赚了吗？”

刘老板虽然文化程度不高，但却懂得主动吃亏换取福气的道理。你主动吃亏，别人就会有感激或者歉疚的心理，怀着这种心理，别人也就对你抱有好感，如此一来怎么会没有好人缘呢？好人缘就是福气。

主动吃亏是福气，主动吃点亏，有时候能保平安。

明朝时期有位历任五朝的大臣叫作杨士奇。每次新皇登基都面临着官员的洗牌，但是他却在一次次的洗牌中得以自保，侍奉了五代皇帝，这其中的秘诀就是他懂得主动吃亏。

明惠帝时期，杨士奇担任少傅大学士，在职期间成绩斐然，到了明仁宗的时候，他被封为礼部尚书并兼任兵部尚书。谁知杨士奇找到皇上，拒绝了给他的赏赐，还劝皇上把这样的好机会让给新人。按照惯例，杨士奇做少傅大学士尽职尽责，成绩很突出，这样的机会理所应当给他，而且这两个职位地位相当高，错过了这次机会就不知道什么时候再有了。仁宗也觉得杨士奇理所应当受到嘉奖，就劝他说：“黄淮、金幼孜都身兼三职，并没有人指责他们。”杨士奇见君命难违，就答应做礼部尚书的工作，但不接受俸禄。旁边的大臣听不下去，插嘴道：“你应该辞掉大学士那份薪水，剩下的就收着吧。”杨士奇说：“我要辞掉薪水，就应该挑最丰厚的，哪能辞掉最少的去图虚名呢？”见杨士奇固执，皇帝也就答应了他。杨士奇的事传开以后，大家都说他是傻了，居然不拿薪水白干活，为朝廷兢兢业业二十几年过的还是清贫的日子。

杨士奇能主动让利是难能可贵的，但这也正是他高明的地方。和杨士奇一起当职的官员们，因为是元老而领受丰厚的报酬，这样新人们就会有意见，虽然你在前朝皇帝那里当职时间久，但是江山易主，倚老卖老是没人接受的，虽然大家嘴上不说，但心里头不是滋味，便会处处难为你。结果这些元老都干不下去辞官回乡了。反而是杨士奇，大家觉得他不争名利，还更喜欢他了，也就不会难为他，人在官场，周围的人都记得你的好，这就注定了仕途平稳。站在皇帝的角度上，也觉得杨士奇是真心为国家，这样的臣子忠心可靠，皇帝自然愿意用他。结果杨士奇就平安地历任五代，成为一个传奇。

从杨士奇的例子来看，主动吃亏确实是实实在在的福气了，它让杨士奇身处官场面对风云变幻依然平平安安。

山东省聊城市东昌府区东关大街111号傅斯年陈列馆以东，有一条长约60米、宽2米的胡同，胡同南首为一木质牌坊，坊上檐下正中为清朝康熙皇帝题写的“仁义胡同”四个大字。这个胡同又叫作六尺胡同，它的来历与一位叫傅以渐的清朝开国状元有关。

康熙年间，傅以渐的家人在拓建房屋时院墙盖住了邻居的地基，这本不是大事，但邻居一口咬定有碍自家风水，要求傅家拆迁。傅以渐的家人觉得有碍风水这种事玄之又玄，为了这样荒唐的理由就把新建的住宅拆迁，这得额外耗费很多人力物力，于是就不答应邻居的要求，谁料邻居也生气了，说什么也不肯让，两家起了争执相持不下。傅以渐的家人想要讨个公道，就写信给当时任秘书院大学士兼兵部尚书的傅以渐写信。傅以渐很快回信，但信的内容却不是帮家人讨回公道，而是说：“千里捎书只为墙，让他三尺又何妨？万里长城今犹在，不见当年秦始皇。”家人看见以后十分羞愧，主动找到邻居道歉，表示愿意主动将墙基退让三尺，邻居家一看傅家这样仁义，感动惭愧之余，也决定将墙基退让三尺，结果就有了这条六尺胡同。后来康熙皇帝来到聊城，听闻这件事情，就写下“仁义胡同”四个大字，希望大家都能学习这样的举动。

事情已经过去了几百年，但仁义胡同的故事却流传了下来，这个胡同附近的居民也是得此教益，人人谦让，互敬互助。这一带是汉族和回族杂居的地方，但就因为养成了这种互相谦让与尊重的习惯，大家一直都没有纠纷，相处和睦。现在，这里每年都有家庭荣获“文明家庭”“五好家庭”的称号。

经常主动吃点亏，其实并不能让我们失去什么，也不会显得我们愚蠢或者是软弱，反而可以表现出我们大度有礼。主动吃亏可以避免矛盾，为我们赢得好名声；主动吃亏可以安定人心，为我们赢得他人的尊敬与好感。主动吃亏带来好人缘，一个广结善缘的人，生活一定会快乐幸福。

傻一点，你会更受欢迎

人与人的交往中一直伴随着吃亏与占便宜的问题，而且总有被误解的时候，总有伤及利益的时候，这些都是不可避免的。谁都不愿意自己吃亏，大家都会本能地保护自己的利益。但如果每个人都本能地保护自己的利益，不做一点让步，不肯付出一点点，事情就无法得到解决，所以很多时候，我们要学会主动吃亏，主动地承担责任以使别人免于批评，主动地让出自己的利益以使他人获益。你可能觉得这样做有点傻，但实际上当我们身边真有人这么做时，我们不会觉得他傻，反而会觉得这个人真诚可靠，越发地喜欢他了。

何军与郑宇同时在一次面试中被录取了，但是职位只有一个，于是主管给他们俩派了一个任务，让他们代表公司将一个掐丝珐琅玻璃屏风送到另一个公司去。这个屏风很贵重，主管反复叮嘱他们要小心。谁知道送东西的车开到半路抛锚了，主管说下班之内送不到的话两人都不予录取，何军和郑宇赶时间，就把屏风抱下车，何军扶着屏风，郑宇去马路中间拦出租车。这时，突然从街对面跑过来一个人，一下子和何军撞了个满怀，何军被撞倒在地上，屏风失去支撑，掉到地上，一下子全都碎了。两人愣住了，一时间不知道该怎么办才好，就在他俩发呆的时候，撞他们的人悄悄溜走了。

错误已经犯下了，两人只好返回公司。何军先进了主管办公室，向主管说明了原委，接着说："是郑宇让我站在那里的，那个人也不知怎么的就跑了过来，屏风太大，我一个人也扶不住，其实我俩可以一起扶着屏风等车的，是郑宇说去马路中间拦车更快一点。"主管平静地说："谢谢你，我知道了，把郑宇叫进来吧，"郑宇进到主管办公室，也把事情的前因后果讲了一遍，然后对主管说："对不起，这件事是我的失职，我没有小心看好屏风，我愿意承担责任。"主管听了问他道："你当时让他一个人扶着屏风，也是为了快点打到车，再说屏风是路人撞到何军才碎的，你为什么都说是自己的错呢？"郑宇回答说："小心看好屏风才是最要紧的，这是您一直交代的事，而我却因为想快点打到车没考虑突发情况，这才导致屏风碎了，所以，我该来承担责任。"

第二天，主管把两人都叫到了办公室，对他们说："本来公司对你们俩都很看重，想从你们之间选出一个人实在困难，没想到半路出了这么一件事，倒也好了，正好让我们想明白了谁更适合留下来。我宣布，郑宇被录用了。"

何军忍不住自己的震惊，问主管："是因为屏风是我扶着的时候摔碎的，所以才不录用我吗？""不是的，"主管答道，"当时有那么多突发情况，屏风碎了其实也不能怪你们，但是，当问题出现以后你们的反应却是不同的，你只是在推卸责任，而郑宇却愿意主动承担，并且将责任都揽了下来，在和我交谈的过程中，他没有提到一句你的不是。在我和人事部的同志们开会的时候，大家一致认为，郑宇是更值得信赖的员工。”

虽然有时所犯的错误不应该由你承担全部责任，但主动承担实际上也不吃亏，因为你的主动承担，他人会感到你是一个可靠负责的人。一个可靠负责的人是值得信任的，上司会愿意把更大的发展空间给你，朋友有事也愿意找你。吃得一时的亏，收获的却是他人的信赖与欢迎，一个受他人欢迎的人，肯定是人人愿意与之共同处事、与之交好的人。

胡雪岩原本只是浙江杭州一个不起眼的小商人，但就是这位不起眼的小商人，最后成为中国历史上有名的“红顶商人”，家财万贯，创建的胡庆余堂留芳百年。纵观胡雪岩的经商历程，就是一条以主动吃亏来结交朋友，得到大家帮助从而取得成功的路。

杭州有一个小官员名叫王有龄，他一直是一个有野心的人，很想往上爬，但由于经济条件不允许，因此他只能一直待在现在的位置上。胡雪岩与他是有些来往的，随着交往加深，两人渐渐了解了彼此，胡雪岩也知道了王有龄的野心。王有龄说：“雪岩兄，我并非无门路，只是手头无钱，空手总是套不了白狼。”胡雪岩自己在从商方面也有很大野心，当然懂得王有龄的感受，就对他说：“我愿意倾家荡产来帮助你。”于是胡雪岩变卖了家产，筹集了几千两银子，送给王有龄。王有龄十分感动，上京之前感激地说：“我富贵了，决不会忘记胡兄。”王有龄去京师求官，一去就是几年没有消息。大家开始讥笑胡雪岩，说他傻得把自己的钱财都赔上了，最后什么好处也没落下。又过了两年，王有龄穿着巡抚的官服回乡，专门登门拜访胡雪岩，问他有什么要求，自己一定尽量满足。谁知胡雪岩说：“祝贺你福星高照，我并无困难。”虽然胡雪岩这么说，但王有龄却一定要报恩，他利用职务之便，令军需官到胡雪岩的店中购物，胡雪岩的生意越来越好，越做越大。在胡雪岩的经商路上，他是第一个大支柱。有了一定的钱财积累以后，胡雪岩还是喜欢主动吃亏，他无偿地拿出自己的银子为湘军办粮饷和军火，当时湘军都督是左宗棠，左宗棠记得胡雪岩的好，在自己的职位提升后，也是利用职务之便让胡雪岩好运不断。后来，在左宗棠的举荐下胡雪岩官升二品，成为大清朝唯一的“红顶商人”。

胡雪岩的成功除了靠本身的经商才智外，最关键的就是靠他练达的社交能力，善于主动吃亏，其实就是利用人情世故，朋友欠了他的人情，又因为他的慷慨帮助对他产生信任，当然就会竭力帮助他。

即使他人一时不能给你什么回报，主动帮助他人实际上也不吃亏，因为你的主动帮助，他人会觉得你是一个真诚、善良的人。一个真诚善良的人是值得信任的，谁都愿意对你敞开心扉，你有事，大家也会非常乐意帮助你，在人际交往中能受到他人的欢迎，交到知心可靠的朋友，不就是最大的收获吗？

主动吃亏是一种风度

有人说：智者当大度，强者有涵养。遇到事情，常常谦让，即使有时候自己吃一点面子上的亏或者经济上的亏，也没必要斤斤计较，只要不触及原则，不是违背社会道德的事，能让一让就让一让，这不是软弱，而是有涵养。

有一位男士过独木桥，桥的对面走过来一个孕妇，男士想表现绅士风度，就礼貌地转过身回到桥头让孕妇先过去了。当他想再次走上桥的时候，对面又走过来一个樵夫，樵夫挑着柴火，男士只好又等樵夫过去。樵夫过去后，男士害怕又发生这样的事，就等到独木桥上的人都过去后才匆匆上桥，快到桥对面的时候，一位推着独轮车的农夫上了桥，眼看就到桥头了，男士不想再让，就对农夫说：“我已经快到桥头了，能不能让我先过去？”农夫一听，立马瞪眼怒斥道：“你没看见我推着车吗？掉头很麻烦的！不让！”男士听完这话就火了，谁也不让谁，两人站在桥上起了争执。这时桥下过来一叶小舟，舟上有位年老的和尚，男士立马找和尚给他评理：“我之前已经给那么多人让过了，这样下去我还过不过桥了，再说我已经到桥头了，先来后到，该让的也是他。”和尚听完笑笑说：“既然你已经给那么多人让过了，为什么就不能给农夫再让一次呢？就是因为你快到桥头了吗？你看，农夫的后面也没有人了，给他让一次并不会浪费多少时间，让他过去，你不就能很快过桥了吗？”男士心里还是不服，就嘟囔道：“凭什么就得我让。”和尚反问他：“之前你为什么要让呢？”“因为我想保持绅士风度。”男士回答。“那就对了，给农夫让，也是为了保持你的风度。”和尚说。

我们的生活中摩擦无处不在，若是凡事都斤斤计较，触目所及的恐怕就全是矛盾与冲突了。那些蝇头小利本来就无足轻重，主动让一让，主动忍一忍，吃点小亏，让自己保持风度，也同时照顾到了他人，何乐而不为呢？

一家人去亲戚家做客，亲戚是自己开公司的老板，家里条件优越，为人也很好面子。为了接待这家人，亲戚把最好的茶叶拿了出来，还取了一套新茶具。沏好茶后，主人把茶具放在地板上，就进了厨房。突然，地上的茶壶竟自己倒了，砰的一声，碎成了碎片。亲戚听到声音后赶忙从厨房跑出来，看到这个情况，下意识地说了一句：“没关系的，不用赔。”当爸爸的赶紧说：“对不起，是我不小心，还是要赔的。”

从亲戚家出来，女儿很不解地问爸爸：“那个茶壶本来就是自己倒下的，为什么你不告诉他呢？这下还得白白赔一个壶。”“我知道，他们家新地板不平，放下来就会晃，大概是晃倒了。”爸爸说。“那你为什么不告诉叔叔？”“你叔叔不在客厅，他是看不见的，如果我非为自己辩解，就会伤到你叔叔的面子，一个茶壶本来不值多少钱，为这个伤了和气就不值得了。”

人与人之间你来我往，是不可能做到绝对公平的，总要有人去吃亏，承受不公平。如果每个人都只顾自己的利益，不容许自己的利益有半点受损，那样的话，人与人就没法相处了。所以遇事不妨主动吃亏，这样就可以大事化小，小事化了。再说，主动吃点亏能够显示你的风度与涵养，这是人人都欣赏的品质。

有记者问李泽楷：“你的父亲一定教给你很多经商赚钱的法宝吧，能不能分享几个呢？”李泽楷说：“赚钱的法宝倒是没教，让别人多拿一点的道理，倒是教了不少。”李泽楷说，父亲告诉他，如果有一单生意，理应是你拿八分别人拿两分，那你就一定要拿七分，给别人留下三分，也可以拿六分，给别人让出四分。父亲还给他讲过一个故事，说是有个人和他的朋友合伙做生意，几年后两人赚的钱都赔进去了，仅剩下一些设备还能值点钱，他把这些设备全部留给了他的朋友，一分也没拿就走了。几年之后朋友东山再起，第一个想到的合伙人就是他。

主动吃亏是一种风度，生活中处处计较、爱占便宜的人，首先在做人上就吃了亏，一个没有风度的人，人人都会对他敬而远之，时间长了，就没有人愿意和他合作了。合作伙伴一个个离去，这才是真正吃了大亏。李嘉诚正是懂得这个道理，才教李泽楷多主动让利。李嘉诚知道，这种吃亏可以为他争取到更多的合作伙伴，虽然他在一单生意上只拿六分利，少拿两分，但是却多出了100个愿意与他合作的人，这样他就能拿六百分，而一定要拿八分利，100个合作伙伴可能剩下还不到10个，这样反而赚得更少了。李嘉诚一生与很多人合作过，分手的时候总是愿意主动少分一点，如果生意做得不理想，他就什么都不要了。这种风度和器量，为他赢得了很多忠诚的合作伙伴，所以他的事业越做越大。李嘉诚的成功，正是源于他这种处事交友的方式。

生活中，懂得主动吃亏的人是真正的智者，只有真正胸怀宽广、富有智慧的人才能保持风度，处处忍让。大家都长了眼睛，你的好大家会看在眼里，时间长了，你一定会赢得周围人的好感。

适当退让，得道多助

一个人的工作是否能为他带来满足感，除了工作内容与工作方式以外，还与工作环境有很大关系。这个工作环境就是说，你和周围的同事相处的和谐程度。

我们离开学校走上工作岗位，上班的大部分时间都是在和同事相处，我们的工作内容也往往需要团队共同完成，如果你的同事处理事情不得当，你就会感到来自人际关系的压力，这对我们的工作有很大影响。

在这种人际关系的处理中，我们需要有吃亏精神，以通过适当妥协退让来调节人际关系，缓解压力。

方宇和郑凯是一家电子产品销售公司的销售员，方宇负责联系客户、给上司提交销售情况，郑凯则在方宇的团队下负责接待与销售。由于方宇管理有方，整个团队每个月的销售额都很高，尤其是郑凯，和方宇配合十分好，是公司名副其实的“销售王”。

一次，郑凯在接待客户的时候犯了糊涂，将原价一万五千元的笔记本电脑以五千元的价格卖了出去。尽管郑凯一直是销售冠军，但公司有硬性规定，一旦接待员犯了这样的错误，必须要以开除作为惩罚。而负责在团队和上司之间沟通的是方宇，所以按规定应该由方宇向老板报告这件事。

第二天，郑凯无精打采地来到公司，等着开除的通知，可是等了一天也没有动静，又过了整整一周，公司还是没有下达开除他的通知，甚至连惩罚都没有，这下把郑凯给搞糊涂了，赶忙找同一团队的“包打听”小王询问状况。这才知道，方宇告诉老板是他自己与顾客联系的时候把价钱谈错了，这才导致郑凯以错误的价格将笔记本电脑售出，更令郑凯感动的是，方宇不仅替自己背了黑锅，还用他的工资替自己补上了那一万块钱的漏洞。郑凯满心感激和抱歉，特地拿着一万块钱来找方宇，想还他的钱，表达自己的感谢之情。谁知方宇并不要钱，也没有说一句怪罪郑凯的话。郑凯问他为什么这么做，他只是说，郑凯这两年和自己配合得很好，在团队中有不可替代的重要作用，谁也不能保证一辈子不犯错，要是因为这么一件小事就把郑凯开除了，那损失可比一万块钱大多了。方宇还说，这是我们自己的销售失职，若是去找顾客补齐空缺，会对公司的名声有不好的影响，况且郑凯是自己的下属，没有做好监督，自己也有失职，承担责任是应该的。看到郑凯还是内疚得低着头，方宇打趣道：“一万块钱就当是投资，你这个销售冠军快快给我把本赚回来吧！”

这次事件之后，郑凯再也没有犯过类似的错误，工作比以前更努力了，方宇团队里的其他人知道了这件事，更愿意跟着方宇干了，整个团队销售业绩一路飙升，不多久，方宇就由于业绩突出升职了，郑凯和其他几个团队同事也都成了销售经理。

方宇承担了不是自己的错误，还赔上一万块钱，在谁看来都是主动找亏吃了，但是从结果上来看，方宇其实并没有吃亏，不是吗？要是方宇将郑凯交给老板处理，那郑凯一定会被开除，走了一个郑凯，团队就会面临换人，新人的适应又要耗费几个月的时间，其他员工也会因这件事留下阴影，胆战心惊害怕自己有一天也犯了错被开除。方宇牺牲自己保住郑凯，让团队保持了稳定，整个团队的关系比以前更和谐、更团结了。有了这样的团队气氛，升职加薪还是难事吗？所以说，主动吃亏并不是犯傻，我们也不会失去什么，周围的人会因为你主动吃亏的风度对你从心理上产生好感，你周围的人际关系也会因此更加和谐。

由于人事部门的统计问题，某公司财务科杰拉尔德错误地给请过几天病假的斯奈伦伯格发了整月的工资。他发现之后，匆匆找到斯奈伦伯格，向他说明让他悄悄退回多发的工资，可是却遭到了斯奈伦伯格的拒绝。

双方争执了很久都没有结果，杰拉尔德气愤地回到办公室，想着要从斯奈伦伯格下个月的工资中扣除多发给他的部分。但是当打开电脑冷静下来之后，他觉得不能这样做。从下个月的薪水中扣除，会让斯奈伦伯格的火气更大，两人在公司抬头不见低头见，关系搞得很僵，只会让自己的工作受挫，人事部门是统计有误，但工资是从自己手里发出去的，不能一味要求人事部门承担责任。错误已经犯下了，一定要有人承担，不如自己来解决这件事，只有自己吃点亏，才能让这件事大事化小，小事化了。于是杰拉尔德推开老板办公室的门，向老板说明了这件事。老板说这是人事部门的错误，但杰拉尔德却坚持说这是自己的错误，与其他人没有关系。老板又说让斯奈伦伯格退还多发的工资，杰拉尔德仍然说是自己的错误，不该由斯奈伦伯格承担，并表示愿意用自己的钱填补空缺。老板对他说不应该由他一个人承担责任，但杰拉尔德却固执地说与别人一点关系都没有，然后拿出钱来补上了斯奈伦伯格的那一份薪水。

斯奈伦伯格知道了这件事后感到很愧疚，他找到杰拉尔德把多发的薪水还给他，不多久，两人就成了好朋友。

敌意可以一点点增加，也可以一点点消灭。斯奈伦伯格没有表现出友好，如果杰拉尔德就这样把问题交给老板或者扣下他下个月的薪水，那么两人的积怨只能越来越深。相反，杰拉尔德先表现出友好，做出消除敌意的第一步，这样斯奈伦伯格也表现出了友好，于是两人冰释前嫌。

没有人在你表现出友好的时候对你嗤之以鼻，主动做一些让步就是你表现友好的方式，他人也会因为你的友好和大度而对你产生好感，这样，你周围的同事就会愿意与你相处，愿意与你合作，这对你的事业发展有着极大的好处。不要计较积怨，不要害怕吃亏，人心都是一样的，你有付出，他人也会感恩，友好的氛围就是人际关系的理想状态，在这样的氛围下工作，你的事业一定会越来越顺。

推功揽过，顾全大局

名利是所有人都向往的，而过错则是大家都想推避的，因此遇上和名利有关的事，很少有人能做到推功揽过，谦让为主。

实际上，送一份荣耀与他人，就得一份人缘；揽一份过错给自己，就得一份进步。推功揽过是一种处世智慧，是一种大将风度。

著名球星齐达内与贝克汉姆曾是皇家马德里俱乐部的成员，但是在国家队的赛场上，两人却是各自球队的队长，是对手。

2004年，英法大战。在英格兰领先一球的情况下，时任法国队队长齐达内在50分钟内连进两个球，让局势逆转，法国队最终反败为胜。赛后接受采访时，这位中场核心却把功劳全都让给了队友，丝毫不提自己的进球。

他先是赞扬教练指导有方，队友配合默契，然后特别感谢门将能在关键时刻扑出贝克汉姆的点球，没让比分进一步扩大，影响大家的信心。记者提出他一人进了两个球，他却只是谦让地说是因为队友配合得好，希望大家知道这个胜利属于伟大的法国队，他只是得到了好队友和好教练的幸运的队长。因为齐达内的谦逊，第二天的媒体没有以两球入网的齐达内作为头条，而是无一例外地赞扬了法国队的默契配合与体育精神。

齐达内潇洒推功，败军之将贝克汉姆则是大气揽过。

上半场，贝克汉姆利用一次任意球机会助攻兰帕德，让英格兰取得第一个进球。但是那天英格兰队整个状态都不是很好，对于法国队的猛烈进攻，也没有行之有效的抵挡方法。贝克汉姆抓住机会制造点球，但是却被对方的门将挡在球门之外。下半场，英格兰队状态持续低迷，最终输掉了比赛。

赛后，媒体质疑主教练对于法国队的进攻缺乏有效指导，并且提出整个英格兰队的状态与比赛情绪缺乏责任感。面对这样犀利的指责，贝克汉姆把过失一个人揽了过来，他说兰帕德的率先进球本来是让整支球队充满了信心，是因为自己关键时刻罚丢点球，让英格兰队丢掉了拉开比分的好机会才使球队走上下坡路。贝克汉姆的揽过成功吸引了媒体的注意，为英格兰队保全了面子。

足球就是靠团队合作，无论是失败还是成功，都不该归于一个人，贝克汉姆却以大将风度一个人揽下过失，为的就是保全球队的面子；而齐达内作为法国队赢得比赛的最大功臣，却丝毫不提自己，把荣誉全部让给队友。他们的这种美德值得我们学习。

在现在的社会中，我们遇上的很多事其实都需要团队合作来解决，当奖赏到来时，团队里的成员必然会互相竞争，而出了问题时，没有人愿意多承担责任，因为毕竟一个团队那么多人，不是一个人的错却一个人顶下过失，岂不是太吃亏了？一起挣来的荣誉，你比别人得到的少，岂不也是太吃亏？在这种心理的促使之下，就难免会有“争”，但其实我们处在一个团队里，我们与团队是一荣俱荣一损俱损的，自己不肯吃亏，争着抢功，推却过错，团队受到影响，最后吃亏的还是我们。贝克汉姆和齐达内正是明白这个道理。

一个人面对名誉可以不为所动，这是为人处事的智慧，是一种气度修养，而面对错误反省自己，更是一种果敢的勇气。会处事的人知道把荣誉留给别人，不争锋芒，反省自己。

东汉时期的名将冯异被称为“大树将军”。他有帅才，却从不自傲，虽战功赫赫，却仍低调做人。

更始元年，王郎在邯郸发起叛乱，大司马刘秀率王霸、冯异一起讨伐王郎。在邯郸之战中，冯异在十分艰难的情况下为河北晓阳地区的军队筹措粮食，保证了军队后方殷实的供给，使得军队能连续作战，而冯异则为此献计献策，彻夜不眠。他还为军队煮粥，抗击严寒，让军队能恢复战斗力。最终军队取得胜利，攻克邯郸，活捉王郎，平息了叛乱。

刘秀率领的军队经过南宫的时候，大雨滂沱，寒气逼人，冯异四处奔波，找来薪火为将士们取暖烘衣。

邯郸之战之后，刘秀大胜，为这场战争献上不少好计策又在行军过程中保证了军队后方补给的冯异是大功臣。刘秀赞扬冯异“功勋难估，当立头功”。

回到宫中，刘秀设宴论功行赏，唯有冯异一个人没有参加宴会。大家找到他，发现他躲在一棵大树下。侍卫让他回去领赏，冯异说什么都不肯。侍卫只好连拖带拽把他带到刘秀面前。

刘秀问他为何不受赏，他说功劳都是自己的下属和那些在前线奋战的将士的。刘秀再三要给他封赏，他推脱不掉，就建议把这荣誉赐给自己的偏将，说正是自己的偏将在战争中对自己的大力帮助才得以让计谋实现。这位偏将大受感动。

刘秀见他淡泊功名，就赏赐给他很多金银。冯异收下金银后，全部分给了那些在战争中浴血奋战的将士们。

冯异这样做，非常符合中国儒家提倡的中庸之道。不抢功，不自满，该是自己的赏赐却分给众人，把人际关系处理得恰到好处。于上，刘秀觉得他才华横溢却淡泊名利，是可以依靠的好臣子；于下，下属感激他时时刻刻给予恩惠，部卒都愿意为他效力，忠心耿耿；于中，由于他的不抢功，没有树立敌人，身边的同僚都十分佩服他。

没有人可以凭借一己之力获得成功，你的功是踩着别人的肩头得到的，要怀着感恩的心多多把好处推给别人。好多人忽视了这一点，有了成就以后就不断为自己揽功，吝啬于和他人分享，盛气凌人，这样居功自傲，不会有好的结局。

多多把好处让给他人不是吃亏，而是谦逊，是懂得感恩的表现。遇到错误多多承担也不是吃亏，揽错可以为自己争取成长的机会，也可以保全你身边的人。你身边的人、你的团队好了，你最终自然也不会吃亏。

变被动吃亏为主动吃亏

走上工作岗位后，我们有一大半的时间都在和上司、同事相处。我们处于团队中，有自己的职责，刚进入职场时我们以为做好自己的本职工作就行，但渐渐发现现实和想象的不一样，很多时候，我们会被安排去做本来不属于自己本职工作的事，有些甚至超出了工作的范围。

做不是自己分内工作的事让很多人很苦恼，占用自己的时间和精力却没有利益回报。因此在讨论这个问题的时候，大家都觉得自己吃了亏。

其实遇到这种避免不了的亏，不如换一种想法，主动吃亏，看看主动吃亏，能为你带来怎样的福气。

小张毕业后，怀着在职场上大干一场的野心进入一家电力公司工作。结果不到一周，他的梦想就破碎了。

“小张啊，帮我订个餐吧。”“小张啊，电脑转不动了，帮我修修吧。”“小张啊，帮我泡杯咖啡吧。”“小张啊……”

大家完全把他当成打杂的了，他每天在完成自己工作之余还要做这些杂事，回到家都快累死了，哪还有心情想什么大干一场，小张觉得自己吃亏得很，甚至起了辞职的念头。

心情低落的小张向自己的朋友诉苦，朋友劝他："新人刚入职都会遇上这样的事，既然躲不开，你不如主动凑上去，说不定会有变化。"小张半信半疑地挂了电话，调整心态，决定按照朋友说的试试。

自从那天开始，小张不再是敷衍着帮大家办事，而是一到订餐时间就主动询问，主动承担起了帮大家订餐的任务，走过办公桌，看见谁的杯子空着就主动帮忙接杯水，不仅是自己的部门，还老是忙着往其他部门跑，成了大家名副其实的"零杂工"。大家看他这么积极，不好意思地连连感谢，他只说："不就是一件小事吗，不必客气。"

调整自己的心态之后，小张发现这些事不再烦人了，自己习惯了为同事们服务，大家的关系更近了，小张觉得待在现在的单位很舒服。

小张主动为大家服务，大家有事就习惯性地想起他，别的部门有事也是第一个想起他，小张因此学到了很多东西，渐渐成为一个"全才"。去年，公司推出竞争上岗，业务部门来找他，办公室主任想留他，他成了一个不折不扣的"香饽饽"，还晋升成为公司最年轻的部门主任，而其他同事对他的为人也大加赞赏，没人嫉妒他，反而都觉得他应该得到这样的待遇。

小张转换了自己的心态，把被动吃亏变成了主动吃亏，这对他处理周围人际关系无疑是最好的办法。职场上没有那么多应该不应该，学会调节自己的心态，不妨主动吃亏。

吃亏，无非就是比别人多付出了一点，可是每一个人在吃亏的时候其实都相应地有收获，你的吃亏别人是看在眼里的，也会记在心里。这些就是你的人际财富，一个好的印象比什么都能抓住人心。因此遇到吃亏的时候，要做的事只有一件，就是保持把亏吃下去。

李阳在北京一家广告公司做策划，策划团队内有合作也有竞争。李阳在策划方面很有天赋，刚来不久就得到了上司的赏识，这让他的策划团队小组长十分嫉妒。

李阳表现优秀，策划组长总是有意刁难他，因此李阳总是策划部里工作任务最重的。李阳每次做出策划案来，策划组长都挑东挑西，不给通过，好不容易通过了，策划组长还绝口不提是李阳做的，反而说是自己做的，好几个李阳做的策划案，都是组长受到表扬。

同策划组的其他人曾经嫉妒李阳一来就薪水很高，现在看到这种情况都为他打抱不平。大家以为李阳一定会找策划组长理论，或者直接告到经理那里去。谁知李阳不但没吱声，还主动找到策划组长，说自己还能多做点活，没有关系。每次做完策划案，他都主动去请示策划组长，请组长改动，改动过后，他对策划组长说："这个案子因为您改得好才成功的，现在不能说是我的功劳，不能对经理说是我做的啊。"策划组长听他这么说，更加名正言顺地把功劳往自己头上揽。

同事问李阳是不是被欺负傻了，李阳笑着说："也许组长是考验我呢，多干点又不亏。"

有一次，策划组长正在琢磨李阳的策划案时，经理到策划组来视察工作，策划组长说："他有的地方做得不好，我帮他看看。"经理拿过策划案，看过之后说："我觉得很不错啊，要不你拿出一份更好的给我？"说完一脸严肃地走了。

李阳的策划很有风格，经理一开始就知道策划组长拿来的那些作品都是出自李阳之手，本想等李阳来告状就帮他主持正义，结果李阳一直没动静。经理好奇，不动声色地观察了一段时间。李阳低调的处事态度赢得了经理的好感。公司人事变动，经理直接把李阳提拔成为策划主任。至于那个策划组长，被公司解职了。

该低头的时候就低头，变被动吃亏为主动吃亏，这看起来傻，但却不失为一种“曲线救国”的方法。有时候，需要我们绕个弯，化被动为主动，用主动吃亏的方式达成我们不能直接达成的目标。

阿城是机械工程专业出身，以前就有很丰富的实习经历，他以技术指导的身份被聘进汽车装配厂，可是进去之后，他万万没想到领导只让自己做一名普通的装配工，薪水比之前谈好的低了很多。

阿城十分生气，一时之间不知道该怎么办，他做梦都想要分到技术部去。没有直接的办法，用辞职来表达抗议也不是个好办法，阿城想了很久，决定累一点，用多干一点的方式为自己争取机会。

每天干完自己的本职工作，阿城就主动跑到技术部门义务为师傅们打扫卫生，只扫扫地也愿意。时间长了，技术部门的师傅都很喜欢这个年轻人。有时候打扫完了，师傅们留他聊聊天，一聊到专业的事，师傅们发现，这个小伙子肚子里很有墨水啊。一次，复杂的模具出了问题，师傅们见他进来打扫，就随口问了他，结果凭借过硬的专业知识，他一下子就解决了。

这件事传到了领导耳中，他们了解了一下这段时间阿城的表现，觉得亏待了这个年轻人，很快把他调到了技术部。

吃亏的时候，当事者需要有较高的心理素质，冷静地分析问题，然后完全可以把被动局面变成主动，主动吃亏就是主动获得，适时地为他人作嫁衣，那么成功就会在不远处等着你。

第十章

能得到实惠，让人“占上风”又何妨

懂得主动降低身份

愿意主动降低身份的人，常常让别人觉得随和谦逊。你要是以为这样的人好欺负，那你可就错了。愿意主动降低身份的人，往往都是胸中有大智慧，懂得用主动降低身份的方式得到自己想要的东西。

据《新序·杂事》中记载，春秋五霸中的齐桓公，就是礼贤下士，主动降低身份以求人才的典范。正因为如此，他才成为春秋五霸中最早称霸的一个，并且在当时是势力最大的霸主。

有个叫小臣稷的，是一介布衣，但他的名声却传得很广，大家都说他是一位不可多得的贤士。

齐桓公听说后，亲自去拜访小臣稷，想让他做自己的臣子，小臣稷推脱不见。齐桓公知道小臣稷不是不在家，只是借故不见他，但他还是佯装不知情，一天之内三次拜见，都没有见到小臣稷。

齐桓公的手下很生气，就劝齐桓公：“您身份尊贵，而他只是一介布衣，您这样屈尊来见他就已经不合礼数了，您要是召他进宫，他不愿意，都是可以治罪的，现在您这样放下身份一天之内三次拜访，他却不见，就是轻视您，实在是有损大王您的面子啊。”齐桓公说：“不能这样，贤士傲视荣华富贵才敢这样轻视君主，如果其君主傲视霸业，也就会轻视贤士，纵然有贤士傲视君主，我却不敢傲视霸业啊。”

于是，这一天，齐桓公又去拜访了小臣稷两次，才最终见到了小臣稷。

齐桓公要成就霸业，就一定要有贤士来辅佐，而贤士往往又是轻视权贵的，这就需要君主放下身份诚心邀请。齐桓公正是为了自己的事业，把降低身份当作一种广纳贤士的方法，才让天下人才乐于为他效力，为他成就霸业奠定了基础。

无独有偶，刘备也是不惜降低身份三顾茅庐，才请来了诸葛亮做自己的军师，由此成就一段美谈。

刘备有平定天下的大志向，因此求贤若渴。司马徽和徐庶是刘备佩服的人才，他们见刘备诚心求贤，就向刘备推荐诸葛亮，说他才智过人，得此一人可得天下。刘备听后，立即带上关羽和张飞前去拜访。

一顾茅庐，诸葛亮早就听说了消息，于是故意躲开，三人没能见到诸葛亮，只好回去。

再顾茅庐，诸葛亮还是借口和朋友有约，避而不见。当时正值寒冬，风雪交加，三人在严寒中等了很久还是没有等到，再次空手而归。

刘备贵为主公，两次降格来草庐拜见，却被诸葛亮接连躲避，这也太失礼了，张飞和关羽生气，从心里对诸葛亮有了成见，但是碍于刘备一心思贤，两人只好再一次跟着刘备来到草庐。

三顾茅庐，诸葛亮这次在家，但是却在呼呼大睡。刘备只好站在门口静静地等待。两个时辰过去了，诸葛亮还是一点动静都没有，张飞和关羽已经生气了。想到自家哥哥如此降低身份上门求见，作为主人即使不欢迎也该有基本的礼节吧，可是这个卧龙先生竟然连基本的礼节都不周全，让客人在门外站着一等就是几个钟头，实在可气！两人欲冲进去叫醒诸葛亮教训一番，但被刘备拦了下来，三人就这样站在门口候着诸葛亮睡觉，直到站得双腿发软，诸葛亮才醒来。

诸葛亮醒来后将刘备请进屋中。经过三次造访，诸葛亮也知道刘备是真心请他，被刘备的真诚打动后，他毫无保留地向刘备说出自己的见解，并答应出山，辅佐刘备成就事业。

身份象征荣誉地位，你主动降低身份会让对方感到被抬高，其实就是满足了对方心理上虚荣的一面，对方感到有面子，自然就更容易接受你。不懂得这个道理，放不下身段地位的人，又怎么能从他人那里获得你想要的呢?

当领导的要不惜放下身段，用“倒贴”的方式求得人才，古今中外有智慧的人都懂得这个道理。著名的福特公司创始人亨利·福特，也是这样一位懂得降低自己身份的领导。

1923年，美国福特公司有一台大型发电机不能正常运转，公司的几位工程技术人员百般努力都无济于事。福特焦急万分，只好请来德国籍科学家斯特罗斯。

斯特罗斯来到福特公司后，爬上爬下地在电机的各个地方静听空转的声音，然后用粉笔在电机的左边一个长条地方画了一道线。

“毛病出在这儿，”科学家对福特说，“多了十圈线圈，拆掉多余的线圈就行了。”技术人员照此一试，电机果真运转了。

大家对斯特罗斯非常感谢。“不用谢，给我1万美元就行了！”斯特罗斯说。“天哪！画一道线就要1万美元？”技术人员大吃一惊。

“是的！”斯特罗斯傲慢地说，“用粉笔画条线不值一美元，但知道该在哪里画线的技术超过9999美元！”看着傲慢的科学家，福特不仅愉快地付了1万美元酬金，还表示愿意高薪聘请他。谁料，科学家毫不动心，他说现在的公司对他有恩，他不可能见利忘义去背叛公司。福特一听，干脆花巨资把斯特罗斯所在的公司整个买了下来。

公司的员工简直不能理解，一条粉笔线收一万美元，这本来就是亏本的买卖，现在老板竟然为了他买下公司，而且这家伙还那样对老板冷嘲热讽，老板这么倒贴，这家伙以后不得骑到老板头上去呀！

可是事实却是，傲慢的斯特罗斯没有骑到任何人头上，反而因为感激福特这样重视自己，成为公司最重要的技术人员之一。

有人说成大事者要懂得以人为本，这话真是不错，懂得用放低身段的方式让对方感到被重视、被尊重，这是作为上司拉拢人心的最好方式。

“空洞的胜利”是没用的

生活中有很多摩擦，如果你是个学生，写错了字，或许会有同学笑话你：“你认不认字啊？”如果你是个售货员，算账慢了会有顾客抱怨：“这么大个人了账都算不清楚。”这些小事，如果你斤斤计较说“不就是一点小错吗，凶什么凶”，或者回他一句“你说说我怎么就算不清楚了”只会引起不必要的争吵，本来是一件小事就会变得没完没了，即使你最终获得了胜利，也不过是“空洞的胜利”，没什么实际意义。此时一句抱歉或者一笑而过，我们就能减少浪费不必要的精力，何乐而不为呢？

北京地铁是出了名的拥挤，特别是上下班高峰的时候，你踩我我碰你简直就是家常便饭。一天下班回家排队等地铁的时候，王女士就不小心被身后的人踩了脚，王女士穿的是高跟凉鞋，一下子就被踩破了皮，王女士当时就生气地喊了一句：“你眼睛长到后脑勺了吗？”身后的人一听，本来想道歉的心思一下子没了，也开始朝着王女士嚷嚷，两人就这么你一言我一语谁也不让谁地抬起了杠。吵吵嚷嚷间身后人情绪激动就推了一把，王女士又站在队伍的最前面，由于没有安全门的阻隔，她一只脚踩了个空，幸而赶来调解的地铁站工作人员及时拉住，不然王女士就该掉进地铁轨道间了，地铁速度快，又班次密集，真的掉进去后果不堪设想。

本是一句“对不起”、一句“没关系”就能解决的，因为谁也不想让着谁，险些酿成惨剧。如果当时王女士能忍住火气，不用那么冲的语言先发起人身攻击，也许就不会有后面的口角。身后的人也是如此，在王女士发怒的时候不去反驳，而是用抱歉的话语安慰，也不至于让事情变得这么糟。这次是地铁站的工作人员施以援手，下次呢？这种不可避免的小事天天都在上演，为这样的事付出代价未免太不值得。

我们每天都在与不同的人打交道，所谓“曹操诸葛亮，脾气不一样”。与不同的人接触难免发生摩擦，比如与别人意见不一致的时候，比如被别人误会冤枉的时候。每到这种时刻，我们总是会反驳或者抗拒，但却不一定能带来好的效果，谁在气头上都难以听进劝言，也许我们可以换一种方式，用一时的忍耐换取平静，用一时的退让使问题得到解决。

明朝王锜编写的《寓圃杂记》中记载了一个名叫杨翥的官员的故事。

杨翥虽然为官，却没有为自己修建官宅，而是和老百姓一样住在市井街道简陋的房屋内。住宅简陋也就罢了，偏偏杨翥周围住着的邻居都是不太好相处的人。

住在左边的邻居家丢了鸡，不由分说就认定是姓杨的偷的，于是这邻居就站在自己家门口大骂姓杨的偷鸡。周围姓杨的只有杨翥一户，这分明就是在骂杨翥偷鸡。杨翥的家人听到了气不过，就跑去找杨翥，谁知杨翥说了一句：“天下姓杨的多了，又怎么能知道他是在骂我呢？”杨翥不反驳，邻居也不好再撒泼。住在右边的邻居一到下雨天就把自家院子积的水放到杨翥家院子里，杨翥不但不生气，还劝生气的家人说：“晴天总是要比雨天多。”

长此以往，邻居们都被杨翥的忍让所感动，不仅不再为难他，还一个接一个地主动跑去他家请罪，邻里关系越来越好。

邻居的误会和刁难并没有让杨翥感到气愤，杨翥没有自我申辩，而是选择了用忍耐换取和平。这不仅让自己免于了争执，也给了邻居时间反思自我，从而避免了进一步的不必要的误会，最终使杨翥在邻居间赢得了好人缘。

容忍是修养的一部分，一个能容忍他人、不逞一时之快的人一定是一个气量过人、修养极高的人。一时的忍让是能让事情得到真正解决的开端，当你非常生气的时候，往往是听不进其他意见的，因为你的情绪左右着你的理智，其他人也是如此。在大家的情绪都非常激动的时候，争执只能让事情恶化，不如忍下不满，平静面对，给自己也给他人一点空间。

袁绍手下有个人叫陈琳，此人才华横溢，是三国时期有名的贤人。袁绍要讨伐曹操，陈琳就写了三篇檄文。这三篇檄文可气之处在于它不但骂了曹操，还将曹操的父亲、祖父都骂了个遍。袁绍和曹操交兵，袁绍战败。陈琳作为俘虏被带到曹操大营。看见这个骂了自己祖孙三代的家伙，曹操真是怒火中烧，现在曹操大权在握，随时可以要了他的脑袋。但就在大家都认为陈琳死定了的时候，曹操却下令放了他，不仅如此，曹操还对他委以重任，表现出对他才华的充分肯定。陈琳十分感激曹操的不杀之恩，在以后的日子中对曹操忠心耿耿，还为他出了不少好主意。

不是曹操不生气，只是当时杀了陈琳，并不是能真正解除愤怒的方法，处在乱世，骂他的又何止一个陈琳，忍下一时之气，反而能显出他的胸襟气量。

看过这个例子，我们发现忍让并不是懦弱，反而是一种智慧的表现。忍让能为我们避免不必要的麻烦，忍让也能让我们得到他人的肯定，所以忍让是我们必须要学会的技能。

本杰明·富兰克林说过：如果你老是抬杠、反驳，也许偶尔能获胜，但那只是空洞的胜利，因为你永远也得不到对方的好感。

自信，才能谦让

被别人欺负的时候低下头，成全他人的盛气凌人，这样做你觉得是软弱吗？明明是你的功绩却算在别人头上，你不说破，成全他人的虚荣心，这样做你觉得吃亏吗？如果你觉得是软弱或者算吃亏，只能说明你还不够自信。拥有足够自信的人不会斤斤计较，因为他们的内心是富足的。

一位先生驾车回家，开到地下停车场的时候，他一直习惯的停车位上站着一对年轻的恋人，他们正在吵架，那个男孩低声下气地在向女孩道歉，但是女孩说什么也不理，一直不给男孩好脸色看。

他想等这对恋人走后再把车子停进去，于是就慢慢把车开到邻近的车位上等待，没想到那个男孩转过头看到他突然朝他大吼：“看什么看，还不快走开！”他没有生气，只是仍然坐在车上，那个男孩还不罢休，过来捶着他的车子，弄出巨大的响声，一边捶一边说：“你再不走开我就不客气了！”

令人没有想到的是，这位先生竟然从车里出来，开始低三下四地给男孩道歉，就好像整件事情都是他的错。男孩哼了一声，回去对女孩指手画脚地说了些什么之后，两人一起离开了。

回家后他把这件事讲给他的妻子听，妻子问他为什么这样做，他说："当时我只是想让男孩在他女朋友面前变得高大一些。"

事实上，这位先生是他们市最富有的商人之一，平时在商场上叱咤风云，根本不会有人想到他会那样低三下四为了不是自己的错误向一个小男孩道歉。

人人都是爱面子的，给别人面子，其实就相当于给别人一份厚礼，只有自信的人才常常施与，就像故事里的这位先生，他不需要用和男孩争执来表现自己的高大，这是因为他拥有足够的自信，所以才能如此平静地放低自己。

能放低自己，能让出名利，都是自信的表现，观察那些能常常把名利都让给别人的人，他们一定都是非常自信的，正因为有这样的自信，他们才会不计较吃亏地成全别人。

郭解是西汉时期非常有名的侠客，他为人仗义公正，很多人都十分敬佩他，也很愿意听他的话。

一次，洛阳有两个人结下怨气不能化解，当地很多有名望的人来调解都不能使两人和好。两人的朋友替他们着急，就请郭解来替他们调解。

郭解来到洛阳，每天跑到两人的家分别说服，两人被郭解的为人和口才打动，最后和好如初。两人想要宣布和解的好消息，郭解却告诉他们，不要说是自己的调解，让他们把功劳都归在之前来说服两人的洛阳乡绅们身上。

两人不解，对郭解说："为什么要这么做呢？如今先生令我俩和好，正好可借此在这里提高先生的名望。"郭解说："我听说，因为你们的事，当地很多有名望的人都来做过调解，现在他们不成，反而让我一个外地人办成了这件事，传出去，他们要不就会因为大家说不如我而感到没面子，要不就会觉得是你们不把他们放在眼里而没面子。”两人说：“有什么呢，反正我们只佩服先生一人。”郭解连忙劝诫：“不要这样说，这次要是损了他们的面子，以后你们有什么事他们也是绝对不会帮忙的，明天等我走后，你们再让那些绅士侠客上门，你们就假装是在他们的调解下和好，也算是成就美举吧。”

郭解不远千里到洛阳处理事情，最后却把名誉让给了当地素不相识的乡绅，是因为他明白成全他人的面子就是方便自己，以后那两个被调解和好的人在当地有什么事，这些乡绅也会尽力帮助的。做了好事不留名，还把好处都留给别人，郭解甘心吃这个亏，他也不是傻，而是有自信。吃这一个小小的亏，并不能对他的名声造成什么影响。

内心富足的人因为自信而施与，常常给足别人面子而放低自己的人也会因为这样的举动而收获成功和自信。

1984年12月，雄心勃勃的柳传志正式申请到了中科院的20万元创业款，他拿着这些钱找到了中科院计算机系研发出“汉字信息处理系统”的倪光南。

倪光南在柳传志的盛情邀请下答应同他一起创业，作为公司的主要技术研发人员加入柳传志的队伍，两人一起开始了对“联想”这个品牌的塑造。

柳传志是联想的发起人，是公司资金筹集者、创始人，也是公司的法人代表，但是1985年，公司开始宣传时，柳传志却提出不要宣传他，而是在公司内外一致把倪光南作为公司的企业形象代言人。

柳传志把自己的付出隐藏起来，一直宣传倪光南，而在之后的十年间，柳传志更是把盛名毫无保留地给予倪光南，以至于知道“联想”的人都知道倪光南，而忽略了这个真正的创始人。

对于这些，柳传志毫不介意，他说：“公司的品牌形象是很重要的，我觉得这方面老倪比我合适，他为人谦虚，外界也喜欢他，我已经宣传得很多了……”

对于柳传志毫无保留地给予盛名，倪光南心存感激，于是投桃报李，对于工作全力以赴，联想汉卡一、二的相继问世，让这个企业渐渐成为国内顶尖的电子产品企业，为联想的后续发展奠定了基础。

柳传志放低自己，把功劳和名声都归到倪光南头上，让联想能在好的口碑和凝聚力中更顺利地发展，这种让名让利的做法，最终换来了巨大的成功，联想成为中国电脑行业的龙头。联想带来的名声和财富让柳传志也成为有名的人物，他并没有因为让名让利而吃亏，而是获得了更大的成功。

常常成全别人，成全别人的面子，成全别人的名声，你会因为这样的举动而收获更多。

屈尊处世，人生更平安

在中国历史上，有很多名人因为低调做人，藏起锋芒主动示弱而躲过了灭顶之灾，得到了事业重生的机会。

这对于我们有很大的启示。当一个人总是为了个人利益争执抢夺时，就很容易引起无数的怨恨纷争，这对他的事业发展有百害而无一利。况且人生难免有低谷，我们总有力量不够强大，需要委曲求全，积攒力量的时候。学会低调做人，藏起自己的锋芒，必要的时候吃一些亏，让别人赢过你，以便于争取发展自己的时间和机会，这种吃亏是有智慧的表现。

春秋战国时期，勾践在会稽之战中一败涂地，无奈之下只好选择前往吴国服侍吴王夫差。

来到吴国，夫差安排勾践和他的夫人还有范蠡三人做自己的马夫，住在一个小草棚里。夫差担心勾践有二心，就派人暗中监视。只见这三人白天一起出门辛苦劳作，晚上回来共居陋室，没有一丝怨恨之色，也没有听到叹息声，勾践好像真的没有了返乡之心，一副甘愿为奴的样子，夫差这才稍稍放心。

一天，勾践三人待在屋里，突然来人传唤范蠡，说是夫差病重，请范蠡前去占卜凶吉。范蠡占卜一算，说是几日之后便好，不用担心。勾践听后踱步不语，他多希望夫差能病死，好让他逃回越国。范蠡知道他心中所想，凑到他耳边说："大王，我有一计，或许能侥幸逃脱成功，大王进宫求见，倘若夫差肯召见，大王就求取他的粪便尝一口，看看这粪便的颜色，再连连道贺，说他的病没几日就能好了。到时候夫差的病真的能好，必念大王忠孝之心，消除他的戒备，大王就能回国了。"勾践听后知道这是唯一的方法，但还是双泪横流："我虽是不肖之人，但也曾贵为一国之君，怎么能忍受这样的屈辱，去尝他人的粪便呢？"范蠡道："以前纣囚西伯于羑里，杀了西伯的儿子邑考，蒸而享之，西伯忍痛吞食儿子的肉。欲成大事，不问细行。夫差有妇人之仁，没有丈夫之决，不这样，怎么能得到夫差的怜悯？"勾践沉默半晌，点头称是。

通过吴国大夫的引荐，勾践得以见到夫差。进入室内，夫差问他来干什么，勾践说："我听说大王身体失康，我愿大王早日康复。又听说大王腹中胀痛，我或许可以给大王瞧瞧。"话没说几句，夫差果然腹痛难忍，旁边的侍卫赶忙拿来便盆。一会儿，侍者要退下，勾践连忙叫住他，打开便盆，手取粪便放在口中尝尝，片刻道："大工，有好消息了。"夫差很奇怪，问他有什么好消息，勾践说："大王的病就要好了，我听医师说过，粪便是谷的味道，顺气时则生，逆气时则死。现在我尝大王的粪便，味苦且酸，正应了春夏的生发之气，这才知道的。"夫差听后，感动地说："勾践是仁者啊。"

当时夫差就让勾践夫妇和范蠡三人搬出陋室，为他们安排了附近的民舍居住，并许诺自己的病要是真的好了，就让勾践回国。过了几日，夫差的病情果然好转，勾践得以回到越国。

回国后的勾践卧薪尝胆，鼓励农业生产，潜心发展兵力，十几年后终于灭掉吴国，一雪前耻。

当时的勾践就是一个亡国之君，背负着巨大的耻辱，按理来说该和夫差决一死战，但是勾践却选择屈居人下，这是因为此时越国国力微弱，要是和夫差拼个你死我活，等于是白白送死。不能复国，也不能轻易就这样让越国葬送在自己手上，唯一的办法就是屈居人下，先让自己有安身之地，争取发展的时间，韬光养晦，等待时机成熟。

勾践知道，即使自己投降，免于杀身之祸，夫差还是不能放心自己，稍有差池，夫差就可能找借口把自己斩草除根，更不会给他回到越国发展的机会。这时候，只有忍受常人所不能忍受的屈辱，才能争取到机会，所以即使贵为一国之君，还是尝食了敌人的粪便，虽然痛苦压抑，但对于一个心中怀着复国志向的人而言，这不是什么吃不了的亏。勾践甘为人下，没有人因此瞧不起他，反而都称赞他大丈夫能屈能伸。

勾践甘为人下，忍辱复国；康熙则是忍辱受制于人，找机会除去奸臣。

康熙帝即位的时候年纪很小，由顾命大臣鳌拜代替主持国政。鳌拜一路从功臣到权臣，权倾朝野，根本没把这个小皇帝放在眼里，野心膨胀的鳌拜不满足于一人之下万人之上的地位，起了篡位的念头。他不经过皇帝自行对大臣进行赏罚，朱昌祚、王登联等一众忠臣都成了他的刀下鬼。迫于他的淫威，大家都敢怒不敢言。鳌拜的野心已经不是秘密，康熙虽然有心杀贼，但无奈自己年纪小，鳌拜势力又太大。

鳌拜无视皇权，假称自己生病不上朝，要康熙亲自来看他。

康熙假装不知道这是不合礼节的事，前往鳌拜府上探望。进入鳌拜卧室，御前侍卫发现鳌拜神色不对，上前掀开被子一看，一把匕首就在鳌拜手边。

康熙是何等聪明之人，知道这时候找鳌拜的麻烦时机还不成熟，便沉着地说："随身带刀是满族人的习惯，没有必要大惊小怪。"连鳌拜都被这个小孩子的沉着震到了，这样的人，不是真的糊涂就是大智若愚。

没有此时放下皇帝的架子迁就鳌拜，就没有后来漂亮的"除奸"，康熙帝正是用让鳌拜赢过自己的方式使鳌拜对自己放松警惕，等到自己年纪渐渐变大，皇位稳固后再一举除奸。可以说康熙当时年纪虽小，却已经懂得吃一些亏为自己争取空间，可谓智慧过人啊。

苏轼曾在《留侯论》里对比了豪杰和匹夫，阐述大丈夫懂得能屈能伸，真英雄能吃得眼前亏。低调为人，藏起自己的锋芒，是一种自保的方式。屈于人下只是表象，背后是为了达到目的的忍耐和等待。不知道必要的时候低头，沉不住气，一点亏也吃不得的人，又怎么能干成大事呢?

要有能屈能伸的气度，必要时学会低头，甘为人下不等于放弃自尊，能吃亏才是真正有智慧。

没有人会踢一只死狗

如果有人没来由地故意让你吃亏，先别急着愤怒报复，想一想，是不是做让你吃亏的事能让他们有成就感，是不是他们在某些方面对你充满嫉妒?

英国爱德华八世的温莎王子在迪文夏的达特摩斯学院读书时，只有十四岁。一天，海军军官发现他在角落里大哭，就问他发生了什么事。温莎王子一开始不肯说，在海军军官的一再盘问下，他才说出是被学校的学生踢了屁股。令海军军官气愤的是，这不是一天两天了，那个踢他屁股的孩子似乎总是欺负他，其他同学也常常成为帮凶，所以当一开始询问时，小爱德华才不肯说出真相。

愤怒的海军军官把所有的孩子召集起来询问，大家相互推诿，没有人出来解释，支支吾吾好半天，有个孩子才站出来说：“爱德华没有犯任何错误，我们踢他是因为他将来会是英国的国王，以后我们就可以告诉别人，我踢过国王的屁股。”

就是因为这个可笑的原因，爱德华才一直受到孩子们的围攻。这个答案看起来可笑，其实正好道出了这些人的心理，欺负一个有地位的人，能为自己带来成就感。

没有人会去踢一只死狗，有能力的人能引起他人的愤怒，有价值的人会招来别人的报复。如果你因为自身的才华或者其他优势招致吃亏时，那就不妨低下头，为保全自身而让他们赢过你。

明代大师王阳明曾任南京兵部尚书，一生中屡建战功，最有名的一次，就是明正德年间一举拿下起兵造反的朱宸濠。

正德皇帝身边的宠臣江彬十分嫉妒王阳明的功绩，因为他觉得王阳明的存在阻碍了他大显身手，于是散布流言，说王阳明一开始和朱宸濠是同党，这一切就是个骗局。

流言传到王阳明那里，王阳明的手下张永建议上报皇上，惩罚这个散布流言的小人，王阳明赶忙阻止他说："江彬这样散布流言，无非是对我的功绩不满，我们硬碰硬，只会让小人狗急跳墙，不如把功绩让出去，这样可以避免灾祸。"

王阳明把功绩全部推给总督军，自己一点赏赐也没拿，然后称病离开朝廷去净慈寺休养，王阳明退让，江彬等人也就不再蓄意闹事。流言渐渐平息，张永回到朝廷称赞王阳明推功避祸的事迹，皇帝知道了事情的始末，免去了对王阳明的惩罚。

王阳明推功得以自保，是很明智的举动，正如他说的，一味追究只能让小人狗急跳墙，最后得不偿失，不如低头吃亏，等待风头过去。

吃亏的时候没有什么不能忍耐的，你招人记恨的部分，一定是他人夺不走的部分，比如名声、才华等，夺不走才要迫害。

战国时期伟大的军事家孙膑，原名孙伯灵，因为他受过膑刑，所以大家就称他为孙膑。

孙膑与庞涓本是同门师兄弟，一起在鬼谷子的门下学习兵法，出师之后，庞涓担任魏惠王的军师。小心眼的庞涓知道自己才华不如孙膑，就派人把孙膑请到魏国，名义上是请，实际上是想要加以监视。

孙膑到了魏国之后，庞涓越发嫉妒他的才能，于是就设计陷害他。“欲加之罪何患无辞”，但没有势力无处申辩，孙膑遭受了残忍的膑刑和黥刑，双足被砍去，脸上也被刺上耻辱的字迹，成了终身残疾的人。

遭遇这样的不公，有几个人能心平气和？孙膑当时已经成了残废，在魏国又不如庞涓的势力大，不忍耐又能如何呢？但忍耐远远不止是接受，而是在接受现实的条件下选取最明智的做法。一味地记恨庞涓什么用都没有，若是受不了这样的屈辱就自杀，那只能让恶人更加嚣张。

孙膑选择等待机会，终于在齐国的使臣来魏国时，他以刑徒的身份秘密会见了齐国使者，并用言辞打动了齐国的使臣。使臣觉得孙膑是位不同凡响的人物，就偷偷用车将孙膑载回了齐国。果然，孙膑一到齐国就受到田忌的赏识，在田忌门下当门客，为田忌出主意。

公元前354年，魏国军队围赵国都城邯郸，经过数年的征战，赵国渐渐不敌。这时赵国向齐国求救，齐王任命田忌为将，孙膑为军师，率八万人马出兵救赵。刚开始时，田忌打算直接出兵邯郸，但孙膑却说，要解开纷乱的丝线，不能用手强拉硬扯，要排解别人打架，不能直接参与去打，派兵解围，要避实就虚，击中要害。他向田忌建议说，现在魏国精锐部队都集中在赵国，内部空虚，我们如果带兵向魏国都城大梁进攻，占据它的交通要道，袭击它空虚的地方，它必然放下赵国回师自救。在魏军回师的路上，齐军在预先选好的作战地区桂陵趁其疲惫大败魏军，赵国得以解围，这就是历史上有名的围魏救赵的故事。

此后又过了13年，齐魏两军再次交战，庞涓再次中了孙膑的计谋，他知道自己智不如人，便在战败后自刎了。自此，孙膑成了名满天下的军师。

若说吃亏，恐怕没有人比孙膑吃的亏更大了，无端的冤屈以及因为这冤屈受到的身体的打击都是令人难以忍受的事。孙膑当然可以记恨庞涓，但一味地记恨和顾影自怜只能让自己的情绪一天天低落下去，失去希望，从而变得更加不幸。庞涓是因为嫉妒孙膑的才华才陷害他，这正是孙膑值得骄傲的地方，他明白，他有才华，庞涓可以砍去他的双足，却永远也抢不走他的才华，所以他选择放下仇恨，悉心钻研兵法，观察周围环境以便不放过任何机会。终于等到齐国的使臣，孙膑也不再做阶下囚，而是可以堂堂正正地施展自己的本事。他留下的《孙膑兵法》，成为中国历史上最有名的兵法著作之一。

被吃亏，正是因为你足够优秀，所以更要低头让别人赢过你，以此来自保，是你的，他人夺不走，要学会等待更好的时机让自己绽放光彩。

躲不开的亏，要聪明地吃

有一个脑筋急转弯，说一辆装满货物的卡车行驶在路上，前面出现了一个桥洞，桥洞低于卡车两三厘米，这时候卡车怎么过去。

如果卸下一些货物十分费时费力，换一条路走更是耗费精力，最好的办法就是把车轮胎的气放掉一些，让卡车变低，既省时又简单。

这个小小的脑筋急转弯，蕴含着丰富的人生哲理：我们总会遇到不得不吃的亏，这时候，化解的方法就是主动低头。

我们每天与不同的人相处，人际关系中有合作有竞争，不可避免地要发生摩擦，有时候一件事不是你的错，但迫于现实条件，你不得不承担，有时候是别人对不起你，因为客观环境的原因，你不能讨回公道。这些，就是不得不吃的亏。吃了这样的亏，盲目地发泄报复往往解决不了问题，就像脑筋急转弯里的卡车，你不能炸掉桥洞，卸下货物或者走另一条路只能给自己增添额外的麻烦，最好的办法就是低头，用低头的方式化解这不得不吃的亏。

美国科学家、政治家富兰克林曾经遇到过一件很棘手的事，他的政敌写了一篇很长的反对演说，在那篇演说中，政敌把富兰克林批得一文不值，不仅仅对他的政见提出质疑，有的语句甚至上升到人身攻击的层面，在选民中产生了很不好的影响。

此时正是富兰克林参加的宾夕法尼亚议会选举的关键时期，这篇演说文章又出来得很突兀，让富兰克林来不及做好公关。眼看着选民情绪起伏，支持率下降，富兰克林发愁了。

怎么办呢？富兰克林思前想后，似乎只有向对手低头这一招了，但这真是让人窝火！为什么要向攻击自己的家伙低头？而且表现得过分谦卑会让富兰克林感到颜面尽失。

在要不要低头的矛盾中，时间又过去了几天，选民的支持率持续下降，富兰克林没有办法了，他不再犹豫，主动给这位把他骂得狗血喷头的议员写了封信。信中只字未提议员攻击自己的事，而是称赞这位议员学识丰富，见解独到，然后对这位议员海量的藏书表示羡慕，希望自己能借阅几本。

收到富兰克林的信，这位议员先是一惊，接着被富兰克林真诚的措辞打动，那些夸赞让这位议员有了虚荣心，他慷慨地答应了富兰克林的请求。

几天之后，富兰克林又写去了信，信中感谢他能把书借给自己，说自己在看书的时候遇到了一些问题，希望能请教议员。这封信提出的请教议员的问题，都是与他们两人不和的政见有关的，言下之意，我的见解不如你，相当于变相地向这位议员的政见妥协。

收到信的议员这次是真的满意了，见富兰克林有如此谦卑的态度，他答应两人见面谈谈。就是这次交谈，两人达成了一致，富兰克林的才华也让议员很佩服，两人成了很好的朋友。

后来谈到这件事时富兰克林说：“他是一位很有才华的人，当时在议员里有很高的地位，我虽然对他的反对和攻击很不满，但正面冲突不是好主意，我的选民已经很不高兴了。我要向他低头，但绝不能用阿谀奉承的方法，我只是找出他真正值得赞美和值得我学习的地方，然后谦虚地请教，结果几周之后，我们成了在议院见面时会小跑着过去跟对方握手的关系。”

富兰克林无疑是十分聪明的，他很清楚当时的情况只有一个选择，那就是向对方低头，尽管对方让他那么恼火。对方是他的政敌，反对他是一定的，他能做的只有把对方变成自己人，以稳定选民情绪。但低头与阿谀奉承不同，富兰克林不是追上去拍马屁，而是选择对方身上真正值得夸赞的闪光点，把两人的不同找出来，对对方睿智的地方进行肯定。这位议员在富兰克林的低头攻势中不再那么激进，慢慢接受了富兰克林，这才有了后来的会面。

懂得在必要的时候低头，这是一种智慧，也是一种风度。你的低头表达的是一种宽容和善意，能消除对方心中的抵触情绪，让对方带着更理智的眼光看你。你的低头就是高抬对方，被人抬举就会感到有面子，按照心理学上说的：人在感到有面子的时候会产生积极心理，会对他人更宽容慷慨，也更容易与人化解误会。

汉武帝时期的宰相公孙弘被汲黯参了一本。汲黯在奏折中批评公孙弘喜欢沽名钓誉，位列一人之下万人之上却故意盖普通棉被，看起来清贫不过是虚假做作，为了赚取好名声罢了。汉武帝看了奏本很生气，叫来公孙弘盘问。

其实公孙弘自幼家贫，已经过惯了苦日子，正因为如此，他对于百姓的疾苦才深有体会。现在位居宰相，他还是习惯节俭生活，加上心系百姓，不贪不奢，确实是一个好官。没想到为官清廉也招来祸患，公孙弘无奈地来到汉武帝的殿前。

汉武帝问他："汲黯说的都是事实吗？"公孙弘回答："都是事实。满朝大臣中，汲黯与我的关系最好，今天他当着众人的面指责我，正是切中了我的要害，我位列三公而只盖普通棉被，吃饭只有一个荤菜，这确实是有意沽名钓誉，如果不是汲黯忠心耿耿，陛下怎么会听到这一番话呢？"汉武帝听了他的话，反而认为他为人宽厚，对他更尊重了。

汲黯知道这件事后，也觉得公孙弘为人正直，不再怀疑他清廉的行为。

面对攻击自己的人，公孙弘不加辩解反而加以称赞，这正是他的高明之处。不作辩解，使他人不能加重罪名，而且承认自己沽名钓誉，这就是最好的反驳！对于汲黯，公孙弘承认汲黯是对的，还称赞他的忠心，从汲黯的角度看，就是被抬举了。公孙弘这是用退让作为"回报"对手的利器啊。

退让不是退缩，低头不等于软弱。适当低头是一种处事智慧，它是通过让别人赢过你的吃亏方式，更好地化解自己的危机。

学会主动背黑锅

我们生活在现实中，很容易碰到不尽如人意的事，其中最让人恼火的，就是背黑锅。尤其是对于初入职场的新人，由于不熟悉职场环境，没有建立好人脉关系，被当“替死鬼”的事很容易碰到。

当我们背黑锅的时候，可以冷静下来想想：吃亏，一般是由于情况不利造成的，这个时候，我们的反抗究竟能起多大作用？又或者，这个反抗会不会起到反作用？本来就处于不利条件的我们，这时候遇到的是需要俯首听命的情况，胳膊拧不过大腿，就要学会低头做人，让那个使你背黑锅的人得逞。

你也许会问，凭什么就这样背上黑锅？这样做也太懦弱了！其实这样的行为表面看起来懦弱，实际暗含着勇气和智慧。有勇气背黑锅，其实就是在处于不利条件下的自保，默默等待机会，相信时间会说出真相。不作出这样看似懦弱的行为，你可能会输得更惨，最后落一个真的懦弱的下场。

以退为进，在背黑锅的时候看准时事，能屈能伸，历史上有很多这样的名人事例。

唐代武则天专权时，为了给自己扫清道路，先后重用了一批酷吏。

一次，酷吏来俊臣诬陷一位大臣和狄仁杰有谋反行为，出其不意地将他们两人逮捕，押到大牢。

事发突然，狄仁杰既来不及和自己的家人通信，又无法面见武后说出事实，只好想出一计，在审讯时先承认自己的罪行。

这边来俊臣抓住狄仁杰后立马上书武则天，建议武则天降旨用酷刑逼供，说狄仁杰嘴硬，不会承认罪行，不如严刑审讯，要是他能主动承认就免他死罪。结果没料到审讯一开始，狄仁杰先不打自招，只见他跪在地上，嘴中大喊饶命，一边喊一边要求恕罪："罪臣该死，罪臣该死，大周革命使得万物更新，我仍然固执做唐室的旧臣，天理难容，理应受诛！"这下来俊臣一伙倒是不知道该怎么办了，本来想着借机施以重刑迫害狄仁杰，没想到他主动承认莫须有的罪名，之前没料到会这样，说好了承认罪名就免去死罪的，这下可便宜了狄仁杰！

狄仁杰不打自招，换来个免去死罪，听候发落，就这样又被带到了大牢中。

有个在堂上听审的官员名叫王德寿，他平时仰慕狄仁杰，等到人都散去后悄悄来到狄仁杰身边说："你也可以再诬告几个人，如果把杨执柔也牵扯进来，就可以减轻自己的罪行了。"狄仁杰叹息一声说道："皇天在上，后土在下，我从来就没有做过这样的事，遭到小人陷害与他人无关，怎么能把无辜的人牵扯进来呢？"说完向柱子上撞去，顿时头破血流。王德寿吓得赶忙上前将狄仁杰扶起，也因此相信了狄仁杰的清白。

看着王德寿相信自己的清白，常常来狱中照顾自己，狄仁杰感谢之余，想到了洗刷冤屈的办法。一日，他对王德寿说：“麻烦你把我的这件棉衣带出去，交给我的家里人，让他们拆了棉絮洗洗，再给我送来。”王德寿答应了他的要求，将棉衣交给狄仁杰的儿子，并叮嘱他把棉絮拆了洗洗再送回来。

狄仁杰的儿子一听父亲叫拆棉絮，想到里面一定有文章，送走王德寿后便急忙拆开棉衣，发现里面有一封信。儿子打开一看，竟然是一封血书！儿子这才知道父亲是受人诬陷，几经周折把这封信送到武则天面前。武则天看后，不清楚这是怎么回事，叫来来俊臣询问，来俊臣大惊，慌忙叫人造了一封假的认罪状，在武则天面前糊弄了过去。

又过了一段时间，和狄仁杰一起入狱的那位大臣的儿子出来为父亲申冤，得到武则天的召见。那位大臣和狄仁杰一起入狱，因为据理力争而被妄杀，他的儿子一心为父报仇，费尽周折才见到武则天，他在回答武则天的询问时说：“我的父亲含冤而死，人死不能复生，可惜的是皇上的法律被奸人玩弄。要是皇上不相信我说的话，可以找一个您信任的、绝对不会有二心的人伪造一份诉状交给来俊臣，在那人的逼供下，没有不承认的。”

武则天听了这话，有些醒悟，不由得想起狄仁杰的案子，赶忙召见狄仁杰，不解地问道：“你既然有冤，为什么不伸张？”狄仁杰回答：“我若是不承认，就会冤死在酷刑之下，哪里还有机会说出冤屈呢？”武则天问：“那你为什么又写谢死表呢？”狄仁杰回答：“根本没这事，请太后明察。”

武则天派人核对了笔迹，发现是来俊臣等人造假诬陷忠臣，下令将狄仁杰释放。

狄仁杰背得了一时的黑锅，就是为了保全性命，等待合适的时机，要是像另一位大臣一样直来直去，最后只能落个冤死的下场，哪里还能有机会说出真相？

常言道“识时务者为俊杰”，所谓俊杰，就是能屈能伸，知道在该低头的时候低头，以退为进。本来吃亏就是因为客观条件对我们不利而造成的，要想办法扭转局势，就要能看得清当下的形势，不要暴露自己，让奸人得逞一时，是为了不让他们得逞一世。

历史上这样的例子还有很多，都向我们展现了该如何应对吃亏。尤其是初入职场的新人，更可以用以退为进的方法对待吃亏。

廖洪大学毕业后成为一家大型企业的销售部门经理。刚毕业就有了这么高的起点，廖洪高兴得不得了。可是好景不长，廖洪所在的部门有一批账目出了问题，是财务在计算的时候搞混了，审查的人也没检查出来。新上任的领导不知道情况，只知道廖洪是个经理，不分青红皂白就把他叫来骂了一顿，还扣罚他一个月的奖金。

廖洪从始至终没有反驳一句，接下来的一个月，还是一样踏实干活，新领导对他的印象一天天好转。

随着对人事的熟悉，新领导把之前的财务问题解决了，这才意识到自己当时冤枉了廖洪。想到廖洪的不辩解和一如既往的努力，新领导对他大为赞赏，怀着愧疚和赞赏的心情，格外栽培他。

并不是因为廖洪是个“软柿子”性格，只是廖洪知道，当时领导刚上任，向他解释人事的情况是很麻烦的，给领导留下一个狡辩的印象不说，还等于告诉众人新领导好坏不分，虽然暂时会损失一点奖金，受一点委屈，但以后事情自然会清楚，那时候再解释也不迟。

遇到背黑锅、窝火的事，不妨委屈一时，吃一点亏，先保证自己的安稳。相信黑锅不会背一辈子，从吃亏当中学习也是一种方法。

第十一章

站在他人角度看问题

不要总以自我为中心

每当我们受到委屈的时候，都很渴望得到别人的理解。我们讨厌被误解，讨厌被侮辱，讨厌有人损害我们的利益。但遇到问题的时候，我们是不是可以多尝试从别人的角度看问题，试着理解对方、包容对方呢？

袁艺大学毕业后选择考研，在大学中找到了另一位研友张芳，两人在学校附近合租一间屋子，共同学习。

袁艺手艺很好，就负责给两人做饭，既然袁艺做饭，张芳就自然承担起打扫卫生的任务。袁艺自小有洁癖，住了不久就发现张芳打扫卫生的情况不太令自己满意，不要说房间的犄角旮旯，连走廊都几乎清扫不到，房间里经常乱糟糟的，卫生间也总是忘记消毒。

想到自己做饭的时候一直很认真，张芳却这样偷工减料，自己岂不是很吃亏？不行，一定要督促她，不能自己一个人受累。

这样想过之后，每次张芳打扫卫生的时候，袁艺就站在旁边监督，一直絮絮叨叨提醒张芳打扫这里打扫那里，直到张芳全部打扫彻底才停止。几次之后，张芳终于和袁艺大吵一架，吵架后的两人心情跌到谷底，谁也没心情复习了，就决定各自回家冷静两天。

袁艺回家后向姐姐抱怨此事，把一肚子的苦水都倒了出来。一通抱怨之后，袁艺走进厨房开始准备晚饭，这时姐姐来到她身边，开始对她指手画脚，一会儿嫌她的菜洗不干净，一会儿又嫌她盐放多了，没多久，袁艺就发火了，质问姐姐到底想干吗，姐姐平静地说："我只是想让你了解张芳的感受。"

当天晚上，袁艺就给张芳打了电话，向她道歉，说自己不该那样唠叨她，还说这本来是小事，两人生这么大的气实在是划不来，希望两人和好，早日回到学校继续复习。听到袁艺的道歉，张芳也开始反思自己，两人的矛盾就这样化解了。

我们常常说人"站着说话不腰疼"，就是说这个人不懂得理解别人，没有设身处地为他人考虑，不能体会别人的苦衷，就容易忽视别人脆弱的地方，这样难免会伤害到别人。

当你照顾到别人的时候，也就给别人留下了一个好的印象，所以从别人的角度出发，为别人考虑，我们不会吃亏，因为这是一个互惠的过程。人人都会本能地维护自己的利益，当我们与他人之间有利益关系的时候，我们不妨先把自己的利益放到一边，从别人的利益角度考虑，找出能让大家双赢的办法。

于立阳是一家广告公司的经理。最近，和他的广告公司有合作协议的酒厂大换血，新上任的高层想借此机会扩大业务，不想再和于立阳续约。这家酒厂是目前于立阳客户中最大的一家，因为以前的高层信任于立阳，虽然每次都只签一年的合作协议，但是已经连续签订了五年。于立阳没有想到公司会突然换管理层，也就没有再去找过其他的酒厂客户，现在突然不续约，于立阳会亏掉一大笔生意。接到不再续约的电话通知时，于立阳非常生气，这不是玩自己吗？不愿续约也不提前说一声，太不够意思了！就在于立阳急得在办公室来回转圈时，他的秘书推门而入，秘书看见他焦急的样子就劝他说："老板这次算是吃了哑巴亏，生气是可以理解的，但您想想，以前那些高层被换下来，对于他们而言是感到丢脸的事，怎么好开口对您说呢？现在高层不愿意续约，其实也是从他们自己的利益角度出发，他们想省掉这笔广告费开拓新市场。老板与其生气，还不如拿出新的广告方案来，让他们看到，您的方案对于他们开拓市场有非常大的帮助，说不定这笔生意还能救下来。"秘书一席话说得于立阳茅塞顿开，他赶紧召集公司的策划团队，很快制作出一份新的广告方案，然后拿去找酒厂的新高层。一见到酒厂的新经理，于立阳就开口道："我理解您的难处，也知道您想要的是更好的市场，但更好的市场也许能从我这里找到突破，请给我几分钟时间向您展示我的方案，我会让您看到，不省这笔广告费，对您而言是只赚不赔的。"几分钟最终变成了两个小时，等到于立阳从办公室出来，他已经拿到了3年的广告合同。

于立阳的成功，正是他听了秘书的话，从对方的角度考虑对方的利益，了解对方的选择和苦衷，当他走进酒厂高层办公室的时候，开口也是从对方的角度出发的，他说我理解您的感受，我知道您要什么，这样的话语，一下子让对方感觉到理解，让对方看到于立阳是站在自己的角度，维护自己的利益的，感到被维护被尊重，对方自然愿意和于立阳签订合同。换位思考，就是于立阳在这单生意中制胜的法宝。

心理学上有一个词语叫作"以自我为中心"。当一个人只看到自己却看不到别人时，就容易只从自己的角度出发处理问题，忽略别人的感受，想当然地把自己的想法强加给别人，对别人造成伤害，自己也难得到好结果。为避免这种事情，我们就要学会换位思考，学会想他人所想，急他人所急，这样才能消除成见，化解矛盾，我们周围的人际关系才能更加和谐。

你怎样待人，别人就怎样待你

俗语说，种瓜得瓜，种豆得豆。你以什么样的方式对待别人，别人就会用什么样的方式对待你。你宽容待人，他人也会示以友好，你伤害他人，他人就会报以怨恨。

隋炀帝杨广是历史上有名的昏君，他妒贤嫉能，心胸狭隘，隋朝就是在他手上亡了国。

杨广任荆州刺史时，有一位叫薛道衡的，十三岁能讲《左氏春秋》，他写的诗《昔昔盐》被广泛传诵。杨广嫉妒，用一个不听上级训示的罪名杀死了薛道衡。

还有一位名叫孔颖达的人，小小年纪就才学过人。一次隋炀帝召集儒学之官到朝中讲经，孔颖达将自己的见解娓娓道来，引得一众赞叹，风头盖过了那些资历很深的大学士。那些大学士觉得自己被一个小孩子比下去了，很是羞耻，便派人暗中刺杀孔颖达，孔颖达只好躲起来。隋炀帝自视才高八斗，蔑视天下有学识的人，对孔颖达一事不闻不问，孔颖达为了保命一直不敢出来，就东躲西藏，日子过得很艰难。

隋朝灭亡以后，大唐建立，唐太宗即位。孔颖达终于不用过东躲西藏的日子了，凭借才华谋得了一个在太学讲经的位置。唐太宗去太学考察，听到孔颖达讲经，为他的文采叹服，给了他国子司业的职位，专门颁布诏书褒奖他的才华。孔颖达心中感激，觉得唐太宗是位明君，便多次进献忠言，为唐太宗治理天下出了不少好主意。

隋炀帝心胸狭隘，总是妒忌身边有才能的人，想尽办法铲除他们，这样还有谁愿意为他效力呢？像孔颖达这样的人，为了不被迫害，只好过东躲西藏的日子，时间久了，隋炀帝身边只剩下一些和他一样心胸狭隘没有真本事的人，又怎么能守得住天下？反观唐太宗，对于身边的臣子，只要是有能力就提拔重用，孔颖达讲经讲得好，唐太宗还专门下诏夸奖他，这样，有学识的人觉得自己受到了重视，自然尽心尽力为其效忠。两位君主对待人才不同，结果也就不同。隋炀帝成了遗臭万年的亡国昏君；而唐太宗则用一场“贞观之治”，开创了大唐盛世。

我们说要待人宽容，不仅仅是说不要嫉妒仇视，不要伤害他人，也是说在我们受到他人伤害的时候，不计较，不记仇，不用相同的方式伤害他人。人们都有投桃报李的心态，你对他人的伤害报以友好，他人也一定会因此感动，不再为难你。

20世纪末，改革开放让中华大地处处充满生机，我国正在加快城市建设的步伐。钢材市场也因着这个机会呈现出欣欣向荣的景象。

陈玉生借着这个大好机会“下海”经商做了一名钢材商人。一开始生意做得很不错，但做了不长的一段时间，却发现莫名其妙地，自己的钢材就不如以前好卖了。每当联系新的开发商、承包商时，对方总是推辞，明明打听好是需要钢材的客户，自己又是第一个联系的，可是客户为什么宁可耽误一两天，花费工夫找别人也不愿意用自己的钢材呢？陈玉生很是苦恼，让自己的秘书去调查，结果发现竟然是自己的对手在搞不正当竞争。对手走访了不少还没有订钢材的开发商，告诉他们陈玉生的钢材质量很差，用着容易出事故，对手还趁机败坏陈玉生的人品，说他这人不老实，和他做生意是要吃大亏的。就这样，行内慢慢传起了陈玉生的坏名声，自然没有人愿意和他做生意了。

过了几天，陈玉生突然接到一个紧急订单，这是一笔蛮大的生意，对于因为对手的谣言损失生意的陈玉生而言太珍贵了。唯一的问题是，陈玉生的手上没有客户需要的这种型号的钢材。正当陈玉生为难时，他想起了那个在行业内败坏他名声的对手，那人手上正好有符合客户要求的钢材。要是把生意让给那位对手，不是太便宜他了吗？毕竟那家伙害过自己，可是不把订单给他，自己倒是不要紧，客户的时间却会被耽误。思前想后，陈玉生还是拿起电话拨通了对手的号码，告诉他这笔生意的情况，让他接下这个单子，并说让他不要多想，自己并不记恨他。对手在电话那头愣住了，他没想到陈玉生会这样做，对于伤害过自己的人，陈玉生不但不记仇，还主动给介绍生意。对手十分惭愧，接下单子后对陈玉生又是道歉又是感谢。

不久以后，陈玉生的生意又恢复了正常。原来是那位对手逢人就说陈玉生的人品好，钢材也好，还主动把一些不符合自己情况的生意让给陈玉生。而之前向他发紧急订单的客户知道了这件事，也很佩服他的豁达大度，以后有生意都会最先想到陈玉生。

当接到那个紧急订单的时候，如果陈玉生不去联系对手为客户找到钢材，那么就不能和客户建立长期合作关系，客户也会觉得他只是普通商人中的一员，不会一有生意就想起他的。如果陈玉生记恨对手，想趁机报复，对客户说对手的钢材有问题，阻拦对手的生意，恐怕只会换来对手变本加厉的报复，到时候拼得两败俱伤，谁也得不到好处。陈玉生不计较对手的错误，还主动为对手着想，对手自然会感到羞愧。陈玉生不计前嫌的做法最终让对手变成了朋友，用互相帮助取代伤害，两人的生意都蒸蒸日上。

能豁达处事，勇于原谅他人的错误，这是一个人具有非凡气量的表现，一个有气量的人，人们自然愿意和他相处。我们用宽容的态度对待他人，他人看到我们吃了亏却不计较，没有用同样的行为报复他们，自然就会感受到我们的善意，被感动之余就会改变与我们对立的关系。相反，狭隘自私，嫉妒别人的才能，主动伤害别人，或者记恨别人的错误，对别人揪住不放，最终伤害的其实是我们自己。因为你的态度会让人们都远离你，朋友变少了，敌人增加了，各种各样的机会就会远离你，快乐和幸福也会远离你，成功自然也会离你而去。

对值得留住的人，不妨低头

人与人之间的交往，就是一个不断产生矛盾并解决矛盾的过程。上牙还有咬到下牙的时候，何况是天天在一起各自脾气又不同的人。不管是上下级之间、恋人之间，还是亲朋好友之间，想要好好相处，就要多宽容，多忍耐，多付出，有时候主动退让一步，表面上看起来是吃了亏，其实是在矛盾发生的时候起了个润滑作用，防止事态进一步恶化。斤斤计较或者得理不饶人，有时会让头发丝一般的小小裂痕无限扩展成为鸿沟，让人与人之间产生心理隔膜，这对我们有百害而无一利。

相传，南朝时期梁国的张率，12岁时就能作文章，因为是个神童，他很早就担任司徒的职务，家业兴旺。张率喜欢喝酒，而梁国的新安产的米，在所有米中酿出来的酒是最香的，张率便派家丁从新安运3000石米回家，可是到家的时候，3000石米却少了整整一半。张率问家丁原因，家丁回答说：“路上总遇到鸟和耗子，所以米就被吃得剩下这么些了。”明眼人都瞧得出来，世上哪有那么大的鸟雀和耗子，能吃掉1000多石米。新安到张府距离不远，却走了整整一个月，分明就是家丁在路上把米给私藏了。张率的妻子一听见家丁的辩解，就要质问，张率却拦下妻子，笑着说："这几日我还真见过大得不像话的鸟雀。"张率这样说，其他人也不好插嘴。张率不计较，是知道米回不来了，非要查明真相就等于让家丁离开张府，那个家丁从他一出来为官就跟着他了，一直也是忠心耿耿，这次因为米的事让主仆关系恶化，家里的其他仆人也会因此疏远自己的，所以还不如睁一只眼闭一只眼，就让这件事过去吧。那个家丁心里明白是老爷有心放过他，以后也自然是不敢再做这样的事了。

唐朝柳公权在唐文宗时任翰林院学士，也是一套官邸，管着一大家子人。家中的奴婢因为柳公权忙于政事不常回家，就常常把柳宅里的东西偷出去。柳公权收藏过一套银杯，装在一个筐内，仔细地封好封印存放起来。一天他发现杯子不见了，叫来奴婢询问，奴婢说："大人您看，这筐上的封印还在呢，奴婢们不知道。"那个封印是柳公权亲自封上的，回来时他就发现筐上虽然有封印，但不是以前的那个了，奴婢分明是在说谎，但柳公权还是笑着说："是啊，封印都在怎么能没呢，我想一定是杯子成仙了。"柳公权不仅没计较，还找了个理由为奴婢们开脱，这件事就这样不了了之了。奴婢们也不是没长脑子，日子一久就知道是老爷故意不跟大家计较，便不再做这样的事，而且更加亲近柳公权了。

张率和柳公权都是一家之主，管理着一个府邸的人，事事计较是计较不来的，过于严肃反而会让仆人与他们的关系很僵，睁一只眼闭一只眼，吃亏了假装不知道，还主动替下人开脱，这样，下人就会心存感激，由此下人会对你更加忠心，一定不会再做损害你利益的事，而这种处理方式又为下人保全了颜面，其他家仆也会觉得老爷是一个大度宽容的人。损失一点小利益换来府邸上下关系和睦，他们在外边才能更好地专心于事业。

有一对一见钟情的恋人，他们交往了很短的时间就结婚了。结婚以后男生发现二人之间有很多不和的地方，由于没有经过磨合期，二人总是吵架，有几次女方甚至提出了离婚。虽然二人之间有不和，但男生真的很喜欢对方，女孩性格好，有才华又懂得浪漫，但是这样下去，感情就真的不能维持了，所以在一次生气后，男生找到女生对她说："亲爱的，我们以后定一条规矩吧，谁要是在吵架中输了，晚上就不允许进家门，在大街上'散步'一晚上。但是相对地，输的人出去散步了，赢的人就不许计较，好吗？""当然，都出去散步了还计较什么，这个主意我同意。"女孩说。于是，凭借着这样奇怪的家庭守则，这对恋人一起走过了五十年的人生历程。五十年金婚纪念，两人在酒店举办宴会庆祝，一位亲戚小伙子羡慕地对男主人说："我听说了你们的事，真是深情的一对，好让人羡慕，那个'散步'的家庭守则，应该就是你们婚姻幸福的关键吧。"男主人神秘地笑笑，对小伙子说："关键不是'散步'的守则，而是我们结婚的五十年来，我一直是出去散步的那一个。"这时女主人也走了过来，听到二人的谈话幸福地笑了，她看着吃惊的小伙子，向他解释说："当初定那个规矩的时候，其实他就想好了以后的日子无论怎样都向我低头了，因为即使是我错了，他也不忍心让我一个女孩子大晚上出去溜达一宿，所以无论发生什么，先低头的总是他。但是爱是相互的，我让他出去'散步'的次数，也随着相处越来越少了。大概有20年，他都没再散步了。"

本来相互倾慕的两个人，在遇到问题的时候会有不一样的反应，就是因为在遇到对方之前各自有着不同的生活背景和学识修养。婚后的生活应该怎样过，每个人都有自己的看法，双方意见不合，往往就会发生争执。但家庭不是法院，追究到底是为什么吵架，或者是追究到底谁对谁错，其实一点意义都没有，重要的是两人怎样和好如初，一起解决问题，而不是让吵架愈演愈烈，最终影响感情。故事中的男主人公，用每次吵架都先低头的方式，赢得了五十年和爱人幸福美满的生活。

事实上，主动吃亏，会让他人的心里产生被包容感和被重视感。前面的两个例子都是这样，下人在主人的原谅中感觉到的是被包容，而妻子在丈夫的主动认错中感觉到被疼惜，有了这种感受，人很容易被带到幸福、轻松的氛围里，在这种氛围中，对方更能体会到你的好意，也就自然而然对你产生不好意思、敬佩或者感激之情。

无论是与同事、恋人还是亲朋好友相处，遇到问题的时候，我们不妨糊涂一点，主动吃一点亏，让我们的人际关系更加和谐，如此，生活自然会给我们更多的回报。

不让别人吃亏，自己也往往不会吃亏

说到做个老实人，我们总能把这和诚信、勤恳等美好品质联系起来，老实人在我们的概念里，就是好人的代名词。说到老实人，也不只是让人联想到好人，还会想到老实人有时候等同于傻子，到手的便宜不去占，容易被人坑，等等。在民间还有“人善被人欺，马善被人骑”的说法。可能因为老实人总是受欺负，很多人就不愿意老实了，他们学会了奸巧钻缝，把这看作是维护自己利益的一种方式。

老实人真的处处吃亏吗？随便看看生活中的老实人，好像真的是这样。但如果你仔细观察，就会发现，有一种老实人，虽然眼前吃亏，却终究不吃亏，眼前占不到便宜，终究却会得到好的回报。

在电影《云中落绣鞋》里，一位员外的女儿失足掉进了井底，员外无计可施，便贴出告示称：谁能将小姐从井底救上来，就将小姐许配给他做妻子。两个青年看到告示，决定去员外家试一试。小姐失足落下的井很深，井口又很窄，想去救小姐只凭一人之力是不可能的。两个青年商量了一下，想到一个方法，一个人拿着拴有绳子的竹筐下到井底，把小姐放入筐内，另一个人在上面把小姐拉上去，然后再把筐放下来一次，将井下的青年也拉上去。方法商量好了，其中一个青年就下了井，他下井后看到奄奄一息的小姐，把她小心抱起放入筐内，叫上面的青年把她拉上去。小姐被救出后，拉他的竹筐却迟迟没被放下，他抬头想叫人，发现井口已经被堵死了。原来是井上的青年救出小姐后，想到小姐只能嫁给他们其中一人，就起了邪念，用石头把井口堵死，抱走小姐独自去领功了。

员外一家以为是井上的青年救了小姐，要小姐与他成婚。谁知小姐被从井下救上来的时候遗落了一双绣花鞋，井下的青年捡到这双绣花鞋，死里逃生来到员外家，揭发井上青年的恶行。人证物证俱在，井上青年无法抵赖，最终被员外赶出了家门，而井下的青年与小姐幸福地完成了婚礼。

毛泽东当年看到这个电影中井下青年被堵在井底的时候，认为井下的青年做人太老实才吃了大亏，他早就应该想到井上的青年会使出这一招，当初就不该下到井底，还是井上那个青年会做事一些。但陪同毛泽东看电影的张玉凤、孟庆云都不同意主席的看法，他们认为井上的青年为了自己的利益害了别人，这种做法是要不得的，最终只会害了他自己。影片的结局果然如张玉凤、孟庆云所说，井上的青年做人不老实，以损害别人利益的方式为自己谋求好处，终究是瞒得了一时瞒不了一世，得到了应有的报应。

香港首富李嘉诚说：“我决不同意为了成功不择手段，如果这样，即使侥幸略有所得，也必定不能长久。”

家喻户晓的中国功夫巨星成龙出生于香港的一个贫困家庭。

成龙在很小的时候就被送到戏班学艺卖艺，十几年后，长大的成龙离开戏班寻求演戏方面的发展。成龙虽有一身功夫，却因为长相平平而一直没有机会，只好在香港邵氏片场跑龙套维持生计。跑了几年的龙套，凭借着在戏班锻炼出来的过硬本事，加上为人憨厚，成龙渐渐有机会担任一些小主角，一个月能拿到3000元左右的薪水。

成龙的本事被行业内的何先生看中了。一天何先生单独约他出来，告诉他自己很看好他，如果他愿意合作，可以给他一个新的电影担任主角，至于邵氏片场的10万多元违约金，何先生的公司会替他支付。临走时，何先生不由分说塞给他一张支票，成龙接过来后傻了眼，那张支票上有整整一百万元。

这个机会对于当时的成龙来说简直千载难逢，这不仅仅意味着他可以很快出头，得到更好的片源和宣传，还意味着他能脱离贫穷，一下子成为百万富翁。

第二天，成龙却找到了何先生，把支票退还给何先生，拒绝了何先生的邀请。对于成龙个人，这确实是个好机会，但如果他走了，邵氏现在由他主演的这部片子拍到一半就要流产，成龙表示他虽然爱财，但不能失信于人，不能用损害别人利益的方式为自己谋求出路。

成龙的做法让何先生既意外又欣赏，何先生把这件事说给了成龙所在的公司，公司很感动，就买下何先生邀请成龙出演的剧本，并由成龙主演，为他拍了这部电影。这部电影就是《笑拳怪招》，那一年，成龙22岁，整个香港都认识了他。

如今，成龙已经从影40多年，重伤29次，拍了100多部电影，在全世界拥有2.9亿铁杆影迷，还是唯一把手印、鼻印留在好莱坞星光大道上的中国演员。

人人都不喜欢吃亏，你是这样，别人也是这样，让别人吃了亏，别人也会因此记恨于你；替别人维护利益，别人一定会心怀感恩，想着报答你。不要让别人吃亏，自己也往往不会吃亏。

做生意，千万别让顾客吃亏

商人一向以精明自居，总是想办法降低成本抬高售价，想办法在交易中获取最大利益，这无可厚非，因为做生意的目的就是赚钱。

但是在为自己争取利益的时候，千万别忘了顾客的利益。你很精明，但是顾客也不傻，你时时刻刻把顾客的感受和权益放在心上，在为自己争取利益的时候把绝不让顾客吃亏放在首位，必要的时候甚至自己吃亏来保护顾客的权益，那顾客也会回报给你最好的利益。

哈利斯食品加工公司是英国食品市场上的香饽饽，由于产品深受广大消费者欢迎，因此同类产品在其面前几乎没有竞争力。

一次，哈利斯的总经理亨利到化验室抽查员工工作情况，发现化验报告单上有一种食品添加剂有一定的毒性。这种添加剂短期服用是没有任何问题的，但长期服用会对身体造成损伤，但是不添加这种添加剂，食品的鲜度就会受到影响，保质期也会缩短。

亨利考虑了一下，决定明文规定不能再使用这种食品添加剂。而对于添加了这种食品添加剂的已经上市的产品，亨利决定通过媒体告诉公众，让消费者自行决定是否继续购买。

这一举动无非是给自己找亏吃。目前英国的食品行业有很多都添加这种添加剂延长保鲜时间，只是消费者并不知情。现在说出来，消费者对企业印象一定会大打折扣，上市的产品销量锐减，绝对会亏本。而剩下的产品不允许再添加这种食品添加剂，上市以后不能在一定时间出售出去，又会给企业造成损失，亨利的做法让大多数员工不理解。

亨利知道大家都很反对，但他努力说服大家："我们应该诚信对待顾客，换个角度想一下，要是你的家人购买我们的产品，你一定希望它是完全无毒安全的，不让消费者知情，这是对不起消费者的做法。"

亨利毅然把这件事公布给了大众，随之又向社会宣布，防腐剂是有毒的，希望大家知情，谨慎选购。

果然，亨利一说明情况，市面上的商品就卖不出去了，哈利斯的顾客数量骤减，新生产的不含食品添加剂的产品也卖不出去，企业开始亏本。不仅仅是这样，之前嫉妒哈利斯占了市场份额的企业趁此机会联合打击哈利斯，指责亨利别有用心，抵制哈利斯的产品，哈利斯一夜之间濒临倒闭。

苦苦挣扎了四年，哈利斯食品加工公司艰难生存，但亨利的名声却家喻户晓。

随着时间的流逝，食品行业普遍添加防腐剂维持保鲜度不再是行业内部的秘密，顾客也开始了解到食品添加剂的毒性到底是怎么一回事。政府开始出面支持食品安全，提倡无毒无副作用添加剂。以前那些一边添加防腐剂一边指责亨利的企业被消费者抛弃，顾客开始怀念这个"正直的家伙"，纷纷主动寻找哈利斯的商品。

哈利斯就这样在短时间内恢复了元气，没过多久，哈利斯就成为英国食品加工行业的龙头。

亨利宁可自己吃亏也要保护顾客的权益，不让顾客吃亏，顾客最终回报了他，亨利成为最成功的商人。亨利的例子，值得国内的商人好好借鉴学习。

这两年，国内企业接连出问题，一些从前被人们信赖的品牌一下变成千夫所指，要承担法律责任的“问题品牌”。这些企业已经有了一定的基础，想要更好的发展，获取更大的利润是自然而然的，但在如何获取更好的发展上，却走了歪路，偷工减料，损害消费者权益，你让顾客吃亏，自己怎么能落得一个好下场呢？

曾经，南京冠生园是食品行业的龙头，这家企业有着超过百年的历史，拥有相当数量的消费者，是南京人引以为豪的本地品牌。但是2001年，由于媒体曝光冠生园用已经过期的食材作为月饼的馅料，以出售这种“陈馅月饼”来换取更大的利润，损害消费者利益，新闻一出，南京冠生园立即遭到各界人士的痛斥，失去了自己的顾客群体，2002年申请破产，品牌形象在消费者心中倒塌。

无独有偶，2008年，许多食用三鹿奶粉的孩子被查出患有肾结石，经过中国国家质检总局调查，该奶粉中含有化工原料三聚氰胺。这种化工原料不能被代谢，残留在婴幼儿体内从而引发肾结石。根据公布数字，截至2008年9月21日，因使用婴幼儿奶粉而接受门诊治疗咨询且已康复的婴幼儿累计39965人，正在住院的有12892人，此前已治愈出院1579人，死亡4人。另截至9月25日，香港有5人、澳门有1人确诊患病。这起事件发生后社会影响巨大，人们不仅对三鹿奶粉，对其他国产奶粉也都开始失去信心，国产奶粉市场变成孩子父母害怕的购买地，多个国家禁止进口中国乳制品。

惨重的损失无法挽回，在那么多前车之鉴下仍有企业以身试法，在2012年的“3·15”晚会上，知名肉类品牌双汇因为掺杂瘦肉精被曝光而陷入信誉危机，其集团董事长为了弥补损失，在双汇“万人员工大会”上向消费者鞠躬致歉，并立下食品安全的6条承诺。然而仅仅过去几个月，在国家质检总局公布的最新一期不合格食品中，双汇又因进口猪肉被检出沙门氏菌而上黑榜。在搜索引擎上检索双汇，会出现几十条质疑双汇质量问题的报道，如“双汇王中王火腿肠曝‘腐烂门’打开之后腐烂生蛆”“超市买的双汇火腿肠竟然发黑发臭像橡皮泥”，等等。类似事件屡屡发生，在记者进行的随机采访中，人们纷纷表示“再也不敢吃双汇了”。

这些企业曾经都是国产品牌的骄傲，可是现在不仅自己面临破产，还严重损害了中国食品安全形象，这些企业破产或濒临破产，最根本的原因不是媒体的曝光，而是信誉的破产。

想要赚取利益是可以理解的，但这要建立在互赢互惠的基础上，你提供更好的产品，顾客自然愿意花更多的钱。为了利益不择手段，顾客受到欺骗，利益被损害，你让顾客吃一次这种亏，就失去一部分市场，最后，失去赖以生存的顾客群体，企业倒闭便成为必然。

将心比心，你希望多得一点利益，客户当然也希望多得一点利益，你不能提供更优惠的价格，但至少要让客户觉得买卖公平。以伤害顾客权益的方式为自己谋求利益，这完全是没有考虑他人，不尊重顾客的行为。企业和客户之间是相互依存的，不让顾客吃亏，你终究不会吃亏，亏了顾客，企业也将无法立足于市场。

人人都有报恩之心

人与人相处，免不了会吃亏。有时候他人会没来由地朝你发火，有时候会碰到遇上逆境需要你帮助的人，总之，总有需要你付出的时候。

不要害怕人与人相处时需要你付出的情况，多站在他人的角度为他人考虑，将心比心，你就能更多地理解他人，为他人做一点事，这不是傻，反而表明我们足够隐忍善良。谁都不是傻子，你吃的亏别人看在眼里，也一定会回报你。

作为一名空姐，王玉至今一直很愉快，她喜欢旅行，喜欢微笑服务顾客。但是这次旅行的愉快感，从一位乘客踏上飞机开始就消失得无影无踪。

在飞机起飞前，这位乘客向王玉要了一杯橙汁，王玉礼貌地说："请等一等，到飞机平稳起飞后，我会给您送过来。"

飞机起飞后，大概是多名乘客都有要饮料，王玉有些搞混了，错把咖啡端给了这位乘客。王玉送去咖啡的时候，这位乘客正在睡觉，王玉没有叫醒他，悄悄把咖啡放在一边，因此也不知道自己送错了。大约过了一刻钟，这位乘客醒过来，看到桌子上放的咖啡，顿时怒气冲天，他大力地摁响服务铃，提醒服务人员过来。

王玉赶过去，这位先生一见到她就开口指责：“你怎么搞的？分不清橙汁和咖啡吗？我睡起来要立马喝的，现在喝不成了！一杯冷咖啡放在我面前是什么意思？”王玉意识到自己的失误，立马道歉道：“对不起先生，我马上给您换，是我的失误，给您造成不便实在抱歉。”这位先生一听，更加吹胡子瞪眼：“谅解就有用吗？我现在一点也不想喝了，你说怎么办？服务一点都不周到，我要去投诉你！”

无论王玉怎样解释，这位先生一点都不解气，一直不停指责王玉，甚至指责她的家庭教育，大家都觉得过分了，可是王玉还在不停赔笑脸。这位先生骂够了，要求王玉为他换饮料。

王玉为他换来了饮料，这位先生没好气地接过。在接下来的旅程里，这位先生一直不停按响服务铃，叫王玉为他做这做那，他叫王玉为他拿来毯子，没用又叫王玉拿回去，明摆着余怒未消，在王玉身上撒气。王玉一点没抱怨，一直微笑着为他服务。

同乘的空姐想代替王玉过去，好让这位先生不再欺负她，王玉笑笑说：“这位先生想必是遇到什么不好的事了，不然这么小一点事他不会烦躁成这样，要是我能让他发出火心情好一点，有什么不可以呢？”

到达目的地之后，这位乘客在留言本上写了很长一段话，交给王玉后离开了。等所有乘客走下飞机，王玉好奇地打开留言本，只见上面写着：小姐，我对整个旅程中我的不良态度，向你表示真诚的歉意。我昨晚与妻子吵架，买了机票赌气去外地，正好你拿错了饮料，我就借机在你身上发火。没想到你一点也不跟我计较，一开始觉得你态度好，我更加火大，变本加厉拿你出气，结果在接下来的旅程里，你整整对我微笑了12次，我不愉快的心情一扫而光，对你只有歉意和感激，还希望你能原谅我，下次有机会，一定还来乘坐你这趟航班！

12次谅解的微笑，化解了一颗愤怒的心。王玉抱着谅解的态度，想到这位先生一定是遭遇了不好的事，因此对自己吃亏受到不公平待遇毫不在意，反而更周到地服务这位先生，满足他无理的要求，最终让这位先生感到了歉意，帮他抚平了不快。

一般的人一定会质问："凭什么我要吃亏？"问出这话的时候，你的中心就在你自己身上，看不见别人，也就不能谅解他人的苦处。将心比心，你也会有需要谅解和帮助的时候，你自己都不谅解别人，不肯为别人吃亏，当你需要谅解和帮助的时候，别人又为什么要为你服务呢?

一个男孩因为家庭贫困，高中毕业就辍学进了一家私营企业上班。几个月后，由于经营问题这家企业面临严重的亏损，眼看就要倒闭了。

企业资金紧缺，工资发不全，很多员工都被拖欠工资，在这样的情况下，厂里的员工一个接一个离开了，但是这个男孩却在这个时候选择留下。

他比以前更努力了，别人磨洋工的时间他挥汗如雨，别人敷衍了事的时候他埋头苦干，厂里的领导下车间，看见他一如既往地辛苦工作，对他说："厂里现在这个情况，你要走我们也不拦你。"男孩说："厂子苦的时候更需要人，这时候走了，太没义气，我也理解领导的难处，发不上工资没事，我们努力干，等好起来不就什么都有了吗？"

领导很感动，有一部分员工听了他的话也决定留下来。留下来的员工真心想让厂子变好，大家团结得像一个人似的。不久，厂子就渐渐好转。经过上次的教训，领导对财务的事更加上心，厂子比原来发展得还要好。

这时候，领导给每个留下来的员工都包了红包，数目远远多于他们应该得到的工资，这个男孩晋升到了新的职位。那些提前走掉的员工又回来，有的想要钱，有的想回来上班，但没一个如愿的。

能吃亏、愿意吃亏的人总会有福报，因为你关心他人，为他人付出，别人一定会回报你。人人都有报恩心理，你的付出一定会换来别人的敬重和优待。

在外和人相处需要吃亏，因为人人都有需要帮助的时候，人人都有需要被谅解的时候，站在他人的角度考虑，乐意为他人吃一点亏，你会拥有好人缘。和朋友在一起需要吃亏，友谊是建立在理解和帮助之上的，多为朋友着想，为朋友吃一点亏，友谊更稳固；维持家庭和睦更需要吃亏，时时刻刻关心你的另一半，多多忍让，幸福和睦的日子就会始终伴随你。

第十二章

“惠人”才能“惠己”

分享，使收获加倍

20世纪40年代，世界反法西斯战争即将迎来胜利，以美国为首的26个国家提出将纽约作为总部建立一个以和平为宗旨，调解世界各国事务的组织，美国总统富兰克林·罗斯福提议叫它“联合国”。1945年，50个国家的代表签署了《联合国宪章》，联合国组织正式成立。

联合国成立后遇到的第一个麻烦，就是没有自己的常规办事地点。在纽约买块地皮建楼，少说也要七八百万美元。向各国政府筹款？当时战争刚刚结束，各国政府都面临困难，国家内部建设资金吃紧，更不用说拿出钱来筹建联合国。向财阀求助？联合国是一个非营利性组织，投资这么大一笔钱不能保证回报，有哪个商人愿意干这种吃力不讨好的事呢？

就在联合国一筹莫展的时候，美国石油大亨洛克菲勒家族慷慨解囊，主动出资870万美元买下了纽约的一块地皮，作为总部建立地无偿赠予联合国组织。同时，洛克菲勒家族还买下了这块地皮周边的地皮。这一举动立即引发广泛的关注，大家先是震惊，这么大一笔资金，就这样无偿赠送出去了？洛克菲勒难道不是商人吗？不知道这种投资和回报不成正比吗？震惊过后，就是嘲笑。其他财团全都起来嘲笑洛克菲勒家族的愚蠢：真以为自己给人类造福吗？高尚是高尚了，高尚出去870万！这不是自己找亏吃吗？这是只有傻瓜才会做的事！

洛克菲勒家族并不理会这些嘲笑和质疑，而是顶着社会压力帮联合国建起了总部大楼。出人意料的是，联合国大楼建成以后，大楼周边的地价突然猛涨，以前的鸡肋一下子变成了香饽饽，联合国的影响力大大超出了人们的预期，这块地段成为纽约最为昂贵的地段之一。这下洛克菲勒家族成为最大的受益者，源源不断的财富流进他们的口袋，为联合国总部投入的资金很快就赚了回来。这下，那些嘲笑质疑他们的人全都傻了眼，只能表示羡慕。这个看似愚蠢的投资，让洛克菲勒财团和联合国双双受益。

不仅仅是一个联合国总部，洛克菲勒财团还一直积极参与卫生、教育、文化与慈善事业，是世界知名的慈善家族。他们怀着负罪感与同情心与人们分享着自己的财富。在20世纪20年代，洛克菲勒基金会是当时世界上最大的慈善机构，而整个洛克菲勒家族为慈善机构赞助超过了10亿美元，如在中国，1915年成立的中国医学委员会，1921年建立的北京协和医科大学，都来自洛克菲勒基金会的捐助。

约翰·D.洛克菲勒是世界上第一个亿万富翁。这位财阀从一位每周只赚取五美元的干货店店员白手起家，建立了稳立美国十大财团之首的洛克菲勒帝国，如今，这个帝国已经繁荣了整整六代。中国人喜欢说“贫富不过三代”，但是洛克菲勒家族却打破了这个在中国历史上被无数次验证的富豪魔咒，从起家以来连续六代不停止向前发展的势头，至今仍站在世界财富的顶峰。洛克菲勒家族的成功，和他们经商不只是想着怎样让钱流进自己的口袋，而是慷慨解囊，总是能和全社会分享他们的财富有很大的关系。

把自己拥有的东西分享给别人不是吃亏，与人分享，我们收获的是双倍的价值。就好比你有一院子桃花，邻居们看见了喜欢，都来你家要掐掉一枝移栽到自己家的院子里养。东掐一枝西掐一枝，很快你自己家院子里的桃花就被赠送完了。也许你会心疼以前的一园桃花香如今变得荒凉一片，但一年之后，两年之后，邻居们栽种的桃花就都会成活，到那时，你能享受的，又何止一院子花香呢？与别人分享，我们能收获双倍的快乐和幸福，不要抱着害怕吃亏的心理，死死守住自己的财物，不愿分享的人反而什么也得不到。

香港许氏集团的创始人许立信是商界中的佼佼者，这位衣着朴素、踏实肯干的广东人，被人们称为“绝世好老板”。

2000年，许立信参与创立的eMachines（宏基）公司出现了亏损，第二年，美国纳斯达克将eMachines除牌，为了让公司起死回生，许立信注入1.6亿元将公司私有化。2004年，许立信移民美国，当时，eMachines是仅次于戴尔和惠普的美国第三大电脑生产商。许立信接触到Gateway（捷威）主席韦特，就说服他收购eMachines，双方达成协议后，韦特以2.9亿元的价格将eMachines买下，在这笔交易中，许立信赚到1.29亿美元。

赚到钱的许立信没有将其全部收入自己的口袋里，而是拿出其中五成分给了公司上下140名员工，上自管理阶层，下至货仓工人，每人平均获得年薪的三成作为花红。公司的员工们既震惊又感动，从来没有遇见过这样的老板，员工们都想当面感谢他，许立信却认为自己的做法并不值得感谢，每个人的劳动都应该获得回报，这是公司的利益，大家一起分享很正常。为了躲避员工的感谢，他故意不来公司，员工就把感谢卡和礼物堆在他的办公室中。许立信因为这件事出了名，大家都对他的慷慨称赞有加。他自己却谦虚地说："我不是一个慷慨的人，我已把最大份留给了自己，只是我认为应该照顾我的员工。"

现在的许立信已经成为Gateway第二大股东，而eMachines多名高层也都成为了Gateway的管理人员。

借用一句知名的广告词"大家好才是真的好"，学会与人分享，慷慨地拿出你的所得，我们能收获双倍的幸福快乐，利己也要利人，分享能带给你加倍的收获。

顺水人情要多做

很多人把做顺水人情看作是吃亏，所以不愿意帮助别人，对此，石油大王哈默有一段著名的话：“给人方便就是给自己方便。那些想在竞争中出人头地的人如果知道，关照别人需要的只是一点点的理解和大度，却能赢来意想不到的收获，那他一定会后悔不迭。给人方便，是一种最有力量的方式，也是一条最好的路。”

哈默是美国著名的石油大王，他成功的经验就是常常给他人一些好处，他认为，帮助他人就是给自己好处。一次他在回答记者提问时，讲了一个小故事来说明这个道理。

美国南加州有一个小镇，镇上有一个老头，他的花圃挨着镇上的一条泥土小路。每到下雨天，这条小路就完全变成一摊一摊的烂泥，无法行走，行人们就会从老头的花圃里穿过去。这样老头的花圃就会变得杂乱不堪。老头没有抱怨，只是每天默默从外面挑回来一些煤渣，然后把这些煤渣铺在小路上，一段时间后，小路被铺满了，再到下雨天，由于原来的泥土被覆盖，路上不再是一摊烂泥，从此，再没有行人从老头的花园中穿过了。

讲完这个故事，记者不再追问哈默，因为哈默的意思很明确，给人方便就是给自己方便，这位成功的商人用他的理解和大度关照着别人。

其实，哈默所讲的这个故事，就是他亲身经历的。年轻时的哈默还是一个一文不名的小伙子，他来到南加州的沃尔逊小镇，在那里碰到了故事中的老头——沃尔逊的镇长杰克逊。下雨天，杰克逊的花园被行人弄得一团糟，哈默心疼，淋着雨站在花园内看守，不让行人通过，而镇长却挑来煤渣铺路，永远解决了这个问题。哈默确实是把行人堵在了花园外，但他自己要浪费时间看守，还要淋着大雨。杰克逊用实际行动教给哈默重要的一课——与人方便就是给自己方便。

美国著名饭店沃道夫·爱斯特莉亚的第一任经理乔治·伯特年轻时是一家小旅馆的服务员。一天夜里下起了暴风雨，由于旅馆被一个团体包了下来，伯特就把前来求住的旅客都介绍到了另一家旅馆，不多时，另一家旅馆也客满了。就在伯特准备下班休息时，一对老夫妻走进店中要求住宿，伯特告诉他们，旅馆被包下来了，另一家旅馆的客房也已满。停了一会儿，伯特又对他们说，外面正下着暴风雨，他不忍心看到两位老人离开旅馆后无处可去只能淋雨的场面，如果两位老人不嫌弃，他想请两位老人先在自己的房间住一晚，第二天再离开，而他可以睡在大堂。这两位老人谢过他的好意后就在这里留宿了一夜。

第二天早晨老人要付房费，伯特说由于他自己待在大堂已经收取了额外的钟点费，而且那间屋子本来就是他自己的，因此不应该要住宿费。老人对伯特说："你这样的员工是每个旅店老板梦寐以求的，也许有一天，我会为你盖一座旅馆。"伯特只当老人是在说客气话，就微笑着把他们送走了。

几年之后，仍在这家旅店当服务员的伯特收到一封信，信中详细叙述了那个暴风雨夜晚的回忆，信中还附带一张机票，让伯特去纽约看看他。几天后，伯特在曼哈顿第五大道三十四街区的豪华建筑物前面见到了老人，老人告诉伯特自己是威廉·沃道夫·爱斯特，眼前这座豪华的建筑物就是他为伯特专门修建的。伯特就这样从一家旅店的小服务员变成了豪华饭店的经理，后来事业十分成功。

有人在评价这个事例的时候说：无悔付出就是制胜之道。泰戈尔也曾经说过：“我们的生命是天赋的，我们唯有献出生命，才能得到生命。”人人都有报恩心理，你给别人的恩惠，别人是会记在心里的，谁都有需要人帮助的时候，你想要得到别人的帮助，就要先帮助别人。

记载古人嘉言善行的《新序·杂事四》中有一个关于梁国大夫宋就的故事。

梁国和楚国是相邻的两国，两国边境的戍边战士都在兵营外边种瓜。梁国人比较勤快，常常浇水施肥，细心看管，瓜田长势很好，梁国人总是收获颇丰。楚国人懒惰，很久才去照料一次瓜田，收获比起梁国差很远。长此以往，楚国的县官很生气，就指责楚国士兵，楚国士兵受到责备心里记恨，就趁夜间跑到梁国人的田地里翻动快要成熟的瓜，梁国人的瓜就这样干旱而死。梁国士兵很生气，跑去向宋就反映，也要去翻楚国的瓜。宋就说：“唉！这怎么行呢？结下了仇怨，是惹祸的根苗呀。人家使坏你也跟着使坏，怎么心胸狭小得这样厉害？让我来教给你办法，一定要每晚都派人过去，偷偷地为楚国兵营在夜里好好地浇灌他们的瓜田，不要让他们知道。”梁国士兵听了宋就的话，每天跑去为楚国的瓜田浇水，处理自己的瓜田时，也顺便打理楚国人的瓜田。楚国士兵每天一早起来都发现瓜田浇过水了，瓜的长势也因为细心打理变得很好，留心一下发现是梁国人干的，就把这事报告给了县官。县官很羞愧，又把这件事报告给楚王，楚王听了后，派人送出丰厚的礼物向宋就表示歉意，并且请求能和梁国结盟。楚国和梁国，就从宋就开始交好。

常常帮助他人，在你需要帮助的时候，他人也会因为报恩的心理不计较地帮助你。生活中多给他人一些方便，也是给自己方便。

锦上添花，不如雪中送炭

没有人能凭借一己之力解决所有问题，我们都有需要别人帮助的时候。人在生活中指不定要碰到什么事，要想在危难时得到别人的帮助，就要先帮助别人。

不幸的是，一个人越是处境艰难，越难以获得帮助。人们更习惯于趋附成功者，为成功者“锦上添花”，殊不知，成功者并不缺你那一把花，很难记住你的好处。相反，那些在凄风苦雨中挣扎的人，更需要帮助，哪怕是微不足道的帮助都对他意义重大。与“锦上添花”相比，“雪中送炭”更有意义。

张欣有一份稳定的会计工作，主要工作内容是做财务报表，为公司报税。一次为公司报完税后，张欣在税务局门口碰到一位满头大汗的先生，他来回踱步，眉头紧锁，看上去十分着急。张欣上前一问，才知道原来是这位先生的公司出了问题，很多员工都离岗了，公司周转艰难，现在到了上交财务报表的时候，连一个能为自己填写的会计都找不到了。张欣听完，主动提出帮助这位素不相识的先生，她跟着这位先生来到他的公司，不一会儿的时间就帮他完成了财务报表。先生千恩万谢，张欣表示自己就是会计，做这样的事只是举手之劳，不用感谢，先生却说自己现在正处于艰难时刻，张欣愿意这样帮助他，他很感谢。临走时，他给了张欣自己的电话号码，他说虽然自己现在落魄，但一定会重新创业，如果将来张欣遇到难事，可以来找他，他一定帮忙。张欣没多想，收下电话号码就走了。一年以后，张欣所在的公司财务出了状况，老板破产，张欣失业了。失业的张欣想找新工作却四处碰壁，无奈之下，她想到了曾经给他电话号码的这位先生，于是抱着试一试的心态拨通电话，说明自己的情况后，对方立马答应了她的请求。两人在约定地点见面后，张欣发现昔日破产的老板已经东山再起，经营着一家不小的企业，生意蒸蒸日上。老板感恩张欣的帮助，不仅在公司给她一个职位，还对她委以重任。

也许张欣的例子看起来太过偶然，我们很难在路上碰到一个正落魄而以后能东山再起的老板，可是这个偶然性的例子也蕴含着必然性。我们说好人有好报，张欣帮助老板的时候，并没有怀着要求报偿的心理，而是因为本性善良所以便施以援手。正是因为有这样的好心，所以张欣不只是会帮助这位老板，遇上别的人也一样会帮助，这样的人，其身边一定不会缺少值得信赖的朋友。

当然，帮助别人不一定都能得到回报，我们也不是抱着得到回报的心态去帮助别人的，帮助别人应该成为我们的习惯。心理学研究显示，一个常常帮助别人的人，他内心也时常能获得满足感和成就感，生活的幸福指数是很高的。而时常算计的人，往往会因为过度在意得失而压抑郁闷，这类人或多或少都会有不同程度的心理疾病，日子过得并不顺心。

但在当今社会，很多人渐渐成为“势利眼”，锦上添花的事天天都有人抢着做，而需要雪中送炭的时候却无人问津了。长此以往，只能让我们的社会变得人情冷漠，有谁愿意生活在一个冷漠的环境中呢？不计得失地真诚待人，就要学会雪中送炭，救人之急才能真正温暖人心。

20世纪70年代，石油危机波及多个国家和地区，香港也受到了极大的冲击。在石油短缺的情况下，油价一路上涨，香港塑胶原料进口商想大赚一笔，就借着这个机会哄抬油价，一时之间，香港的石油价格达到了厂家难以接受的程度，许多企业风雨飘摇，还有一些直接倒闭，香港市场陷入一片萧条。

在这个很多企业面临生死存亡的关键时刻，李嘉诚先生发起了一场救业行动，在这场行动中，李嘉诚先生用自己的资金购买了13万磅原油，然后把这些原油以市场价格的一半出售给无力支付油价的企业。除了直接进口外国油商的原料，他还把自己旗下的公司20万磅的配额转让给需求量较大的厂家。无力担负塑胶原料费用的公司无法从外国原料商手中直接进口原料的原因是采购量太小，在李嘉诚先生的联合下，香港数百家塑胶厂成立了塑胶原料公司，这样一次性采购的数量大增，就可以直接和国外原料商交易，避免原料经过进口商的手后价格暴增。

几百家企业从李嘉诚先生的帮助中受惠，不少面临破产的企业最后都平安渡过了这场危机。李嘉诚先生被人们说成是香港塑胶行业的“救世主”。

李嘉诚先生是现代中国最成功的商人之一，他的成功绝不是靠算计别人、唯利是图得来的，相反，我们经常看到李嘉诚先生以自己的力量帮助别人，不计报酬，不算得失，在关键时刻给予别人大力支持。李嘉诚先生救人于危难之中的义举，为他赢得了很高的声望和信誉，在行业内树立了一个崇高的商业形象。这种商业形象和信誉就是无形的财产，为他带来了大量的生意和财富。

救人于危难之中是一种美好的品质。当发现对方陷于危难中时，我们一定要迅速伸出援助之手，帮助他人，温暖他人，这样做我们并不会失去什么，也不要因为别人没有办法报答我们就觉得不公。真诚地不计得失地帮助他人，不摆出救世主的姿态高高在上，不强求他人的回报，我们就能收获内心的充实与富足。也许无心插柳柳成荫，一次偶然的善举，就能为你打开一扇机会之门。

“好人有好报”从科学角度也解释得通

我们在处理人际关系时最忌讳的心态，就是觉得帮助别人是吃亏。举例来说，生活中遇到需要帮助的人，如果与我们不相干，我们经常能听到这样的话：“关我什么事，我凭什么管他。”如果这个需要我们帮助的人与我们有过节或者恰好是我们讨厌的人，那就更不用说了，幸灾乐祸还来不及，哪会耗费自己的心力去帮他呢？有这样的想法，是我们的自私心理在作祟，而自私恰恰是我们想获得成功或者想拥有幸福生活时最要不得的心理。

几千年来，中国人常说“好人有好报”，但很多人不以为然甚至还有很多质疑的声音。其实，即使抛开这句话的迷信含义，完全从科学角度去理解它，它也是很有道理的。其中的原理很简单易懂：你帮别人，别人就会帮你。

赵盾是春秋时期晋国的大臣。在一次去绛县考察的路上，他看见路边的大树下躺着一个人，赵盾让人停下车来查看，发现这人因为饥饿过度，已经奄奄一息了。于是赵盾就命令下人赏给他一些食物。看着那人慢慢咽下食物睁开眼睛，赵盾同情地问道：“你遇到了什么事，怎么会饿成这个样子？”那人回答：“我被降做小差役，路上断了粮食，我羞于向人乞讨，又不愿意擅自拿别人的东西，才会饿成这个样子。”赵盾看他渐渐恢复体力，就又赏赐给他两块肉作为干粮，让他带着回家路上吃。那人感谢过赵盾，却把两块肉收起来并不吃，赵盾问他原因，他说自己家里还有老母亲，想把这些肉留给老母亲吃。赵盾说：“我另外再给你些食物让你带回去，你把这些肉吃了吧。”临走时，赵盾又让人从自己的马车上给这人拿了一些衣物和银子，才让他离开。

晋灵公继位后，一直不喜欢赵盾，想找机会除掉他。晋灵公派人在房间里设埋伏，然后假装宴请赵盾喝酒。赵盾看出这是鸿门宴，酒喝到一半就找借口起身离开。晋灵公不肯放过他，派人一路追杀。眼看后面的士兵中有一个跑得十分快，就要赶上自己了，赵盾心里很慌张，谁知那士兵追上他后对他说：“请您上马车快跑吧，我会回去为您死战！”赵盾大吃一惊，问他：“你叫什么名字？为什么这样对我？”这个士兵回答：“不知您是否还记得，我当年差点饿死在树下，是您救下了素昧平生的我。”于是赵盾赶紧坐上马车，这个士兵回去阻挡追杀赵盾的人，赵盾才得以活命。

一次不经意的帮助，竟然让赵盾得以在危难时刻保全自己的性命，看过这个例子，你还觉得帮助别人是吃亏吗？中国有句古语：“滴水之恩当涌泉相报。”人人都有知恩图报的心理，试问，如果有人在你危难的时候不计得失地帮助了你，你会怎样呢？一定会记得他的恩惠，在他需要帮助的时候，你一定也会不计得失地全力相助的。你这样，别人也是这样，你帮助了他人，他人就会记得你的好，在你需要帮助的时候，也就有人愿意对你全力相助。

1998年，经济体制改革带来一轮下岗潮，李香兰夫妇也在这次浪潮中失业了。这对夫妇平日待人很好，下岗以后，在亲友的帮助下，他们开起了一家自助烧烤店。

李香兰夫妇的店开在一条小吃街上，旁边就挨着服装市场。因为每天过来吃饭逛街的人很多，乞讨者也就都聚集到了这条街上。这些乞讨者挨家挨户地要东西吃，惹得顾客不高兴，很多店老板就拉下脸来呵斥辱骂，把他们从店里轰走。所有的店主中只有李香兰夫妇不会这样，他们不仅不会赶他们走，还会给他们盛满热饭热菜。这对夫妇不会将其他顾客吃剩的东西给他们，而是提供新鲜的菜肴，这些要饭的天天来，夫妇二人就天天给，一点也不计较讨饭的不能付账，也从不要求感谢，好像这是他们的义务一样。时间久了，街上其他店铺的老板都说二人是傻子，哪有开店的天天做赔本买卖。

一天晚上，服装市场起火了，火势很猛，蔓延到小吃街上，李香兰夫妇的店也跟着遭了殃。李香兰的丈夫出去进货没回来，李香兰一个人无能为力，店里有煤气罐，眼看着就有发生爆炸的危险，突然冲过来一帮人，有的冒着危险冲进店里搬出煤气罐和其他物品，有的帮着灭火，一会儿就把店给抢救下来了。李香兰一看，这不正是天天来店里乞讨的那群乞丐吗？李香兰的店保住了，周围的店铺因为抢救不及时都损失惨重。

李香兰的丈夫回来后知道此事，感慨万千，没想到人人呵斥的乞丐，竟然帮了他们这么大的忙。这次事件过去后，李香兰夫妇好人有好报的故事就传开了，大家都知道小吃街自助烧烤店的老板为人忠厚，慕名来吃的人多了起来，不久之后，原来的一间小店变成了两倍大。一年以后，李香兰夫妇还开起了分店，生意蒸蒸日上，日子一天好过一天。

有人说，人生是一面镜子，它会完完全全反射出你对待别人的态度。你以礼待人，别人也会尊敬你，你常常关照别人，也就会得到周围人的喜爱，他人就会自然而然地关照你。来自他人的关照和帮助是用金钱买不来的，而这需要你先善待他人，关心他人，如此才能从他人那里获益。李香兰夫妇没有因为乞讨者不能付钱就把他们拒之门外，相反，他们谅解乞讨者的难处，不计较地提供饭菜，乞讨者心里一定是记得他们的恩惠，不然怎么会冒着危险冲进火海帮助他们呢?

上述两个例子讲的都是帮助了不相干的人，然后在自己危难的时候得到了帮助的事。

心理学研究表明：一个常常善待他人的人，他的幸福感是远远高于自私自利的人的。想要在日常生活中感到幸福，就要学会放下自私的想法，不要想着别人欠你的，而要多想想你能为他人做些什么。

多多帮助别人，你总会有意外的回报

帮助人是有成本的，得失怎么算？假如我的付出过大，最后竹篮打水一场空怎么办？这些担心，都是人之常情。让你不计得失地帮助他人，你一定会觉得这是纯粹的吃亏吧？人情虽然不是买卖，但也有个平衡，其间道理跟买卖是一致的。买卖是你来我往的事，我给你好处你就一定要给我好处，这是普通人再正常不过的想法，所以让大家不计得失地帮助他人，甚至把帮助他人当成自己的一种习惯，这是很不容易做到的，因为我们很难消除自己觉得吃亏的不平衡心理。

其实不计得失地帮助别人，大多数情况下不会吃亏。当你帮助了别人的时候，你一定会得到十分珍贵的东西，这些东西，有的你能看得到，有的你看不到。多多去帮助别人，你会得到超出你想象的恩赐。

中山君平日就喜欢接济他人。贫困的老百姓、路上的逃难者，无论是怎样的人，只要遭遇困难让中山君碰见了，就一定会得到中山君的帮助，并且中山君从来不求回报。

一日中山君在边境遇到了一位逃难的老者。由于连日逃难，缺少食物和水，老者就快要饿死了。中山君立即叫人停下马车，从自己车上拿出食物来给老者吃，还让随行的人中稍懂医术的为老者把脉，确定他没事后才离开。

中山君受人爱戴，有很多嫉妒他的人。司马子期很早就想除掉中山君，只是苦于没有借口。一次中山君宴请都士大夫，专门准备了非常美味的羊羹，可惜准备不足，有的都士大夫没有吃到。没有吃到羊羹的都士大夫中就有司马子期，他觉得这是一个好机会，就借口没有吃到羊羹大发雷霆，跑到楚国让楚昭王攻打中山君。楚昭王出兵，中山国抵挡不住，很快就要亡国了。中山君狼狈逃窜，以前效忠他的人都离开了他，只有两个不知名的小士兵拿着戈跟在他后面保护他。中山君对这二人事到如今还能忠心耿耿感到不可思议，就问他们为什么在这样的情况下还愿意跟随自己。二人回答道："我们的父亲当年逃难时路过中山国，快要饿死在路边了，因为您的施舍才能活着回到家中。父亲一直记着您的恩情，无法亲自报答，就在临终时交代我们，说以后中山君若是有事，一定要誓死相随。"

人生在世，难免遇到什么劫难，当我们遇到困难的时候，要想得到他人的援助，平时就应该多多帮助他人，你帮助过的人，无论他是谁，说不定就有一天能帮上你的大忙。但是这个帮助是算计不来的，中山君救那位老者的时候，也没想过会有一天得到老者儿子的帮助，只是平日里就习惯了帮助他人而已，所以我们才说，要把不计得失地帮助他人当作一种习惯。

文学家范仲淹是宋朝有名的宰相。除了有"先天下之忧而忧，后天下之乐而乐"的精神以外，他还是一个乐于帮助别人的人。

有一位姓孙的落魄秀才，贫困潦倒，家中又有等待治病的老母亲，日子过得十分辛苦。因为不知道他什么时候能有出头的日子，所以没有人愿意帮助他。孙秀才来向范仲淹求助，范仲淹就给他一些铜钱。过了一些日子，孙秀才又上门求助，范仲淹就又给他一些铜钱。孙秀才家住得很远，这样一次一次跑来求助，范仲淹好奇，问起他家的情况，才知道家中还有老母亲，日子艰难才这样一次次辛苦跑路。知道情况的范仲淹立刻说：“我看你不是一个专门靠乞讨为生混日子的人。这样辛苦的奔波，能得到多少资助呢？我替你补一个学期，每月有三千的薪俸可供衣食之需。但是这样安排之后，你要继续你的学业，你能安心在学业上吗？”孙秀才谢过之后就在范仲淹的门下学习，他天资过人又十分勤奋，范仲淹很喜欢他。后来由于范仲淹职位调动，孙秀才才结束学业回家，回家的时候，他已经摆脱了当初贫困的状态。十年之后，孙秀才成为有名的学者，他的《春秋》讲得很好，慕名的求学者很多，他的名声甚至传到了朝廷中，他得以到太学去讲书。这位孙秀才就是孙明复，宋朝时期很著名的学者。不只是一个孙秀才，范仲淹还经常接济这样遇到困难的人，帮助他们走出困境，鼓励他们发现自己的才华，为国家挖掘了不少人才。

这个事例中，范仲淹接济了孙秀才，并且孙秀才最后成了有名的学者。但你可能会觉得范仲淹没有得到什么实际的好处，不像中山君那样明显得到了回报。我们在上面就说过，你能得到的珍贵东西，有的是你能看到的，有的是你看不到的。范仲淹平日里这样不断接济他人，已经在为自己积累无形的人际关系财富，所以他身边才常常有支持他的人，他接济找上门来的穷秀才，给他们学习的机会，这是在为国家培养人才，正是应了他那句“先天下之忧而忧”的名言。范仲淹时常这样做，有什么理由不给他升官呢？他一路升官至副宰相的位置，也是情理之中。为官而至仁，范仲淹也不愧为一代名相。在帮助别人的过程中获得的人脉和名声，就是范仲淹得到的回报，他不需要孙秀才帮他什么，但他能得到后来的成功，也确实和他不断帮助别人有很大的关系。

伟大的思想家、革命家恩格斯，就是一个不计回报帮助别人的人。恩格斯自小厌恶商业，为了自己的理想脱离家庭，虽说不是很富裕，但日子也还过得去。可是这样的恩格斯，却主动回到家中，不惜沾染自己讨厌的“铜臭”，重新当起了资本家，其中原因，就是为了接济他欣赏的思想家马克思。

撰写《资本论》的时候，马克思是个没有正经工作的穷小子，妻子燕妮虽说非常支持马克思的工作，但毕竟是大家闺秀出身，不会持家，一家人的日子过得捉襟见肘。恩格斯知道后，表示不愿意让“最伟大的思想家为生活琐事牵绊”，就毅然回家，出钱接济马克思一家。在两人往来的书信中，我们可以看到马克思对恩格斯为自己做这样的牺牲十分感动，又为自己不能为恩格斯做什么实际的事而愧疚。在马恩两人合写的文章中，恩格斯总是主动退居第二作者，把自己放在一个很低的位置。

恩格斯对马克思做的事，在很多普通人看来已超出职责范围太多，牺牲太大，但恩格斯本人却从未抱怨过，一是他的心中有更大的理想，在他看来，马克思的作品对全人类有利；二是为自己能赢得这样伟大的友谊而欢心。对于恩格斯而言，他没有因为做出这样的牺牲就失去成就，马克思以他超人的天才给了恩格斯很多灵感，后人也因为他的精神对他更加敬仰崇拜。

在上述三个例子中，中山君收获的是平安，范仲淹收获的是成功，恩格斯收获的是伟大的友谊，这些哪样比不上他们帮助别人时付出的那些呢？不计得失地帮助别人不是吃亏，因为你会收获很多珍贵的东西，有时候在你自己还没有觉察到的瞬间，你就得到了珍贵的回报。

帮别人就是帮自己

人人都抱怨现在人情凉薄，世风日下，这个世界给自己的回报太少，却从来不问问自己为这个世界付出了多少。更有很多人把为别人做一点事看成是吃亏，得不到经济利益的事绝对不做，却忘记了真正能为我们带来发自内心的幸福的，其实是付出。

事实上，即使纯粹出于功利目的，为别人付出，也是很划算的。《论语·雍也》云：“己欲立而立人，己欲达而达人。”你要想成就一番事业，那就试试帮助别人成就事业吧；如果你想让自己更顺利，那就帮助别人更顺利吧。

有个人在朋友家做客，老是听见隔壁凉台上传来奇怪的声音，听不清楚，但是咿咿呀呀的很吵，他不耐烦，就叫来朋友问是怎么回事。

朋友领着他走到阳台上，拉开窗，他看到对面站着一个小男孩，八九岁的样子，正在张开嘴大声念着什么，朋友让他仔细听听小男孩在说什么，他听了好半天不确定地说：“他说，羊刚扑倒在地。”朋友笑着说：“错了，他说的是，阳光普照大地。”

就在他俩对话的空当，一位中年妇女端着水果走到阳台上，开口纠正道："阳光普照大地。"男孩听了，又跟着念了一遍："羊刚扑倒在地。"中年妇女不心急，再一次纠正男孩，男孩还是执着地说："羊刚扑倒在地。"中年妇女一遍又一遍地纠正，男孩仍然发不出正确的音。

他笑开了："这孩子年纪也不小了吧，怎么话都说不清楚？"朋友听出了他声音里的嘲笑，连忙正色道："不要笑，你可知道这里面包含的全是爱。"他不解，但是没往心里去，跟着朋友走回了里屋。

走到里屋，朋友突然开口对他说："刚才那个男孩，是个弃儿。"朋友的话引起了他的关心，他好奇地问道："那个妇女不是他的亲生母亲？"

"不是的，这个男孩一出生就又聋又哑，所以他的亲生父母把他抛弃在医院里，恰好我的邻居在医院，就把这个孩子捡了回来。邻居不但抚养他，还到处为他求医治病。但是先天性的聋哑是治不好的，求问了很多地方都没有结果。于是从这个男孩五岁开始，邻居放弃了求医，开始教他说话，我们都认为这是不可能的事，但我的邻居锲而不舍，每天坚持教他说话，孩子六岁多的时候，竟然开口说话了，虽然声音模模糊糊，但我们能分辨出来，他在叫妈妈。在场的很多人都感动哭了，我的邻居从此更加认真地教他说话，所以，我才对你说这里面包含的全是爱。"

这人听完后立刻肃然起敬，他央求朋友带他去拜访这位邻居，他想亲自见见这个伟大的母亲。朋友带他来到隔壁，他一见到女主人就表达了自己的敬意。

女主人微笑着把他们迎进家门，对他们说："不要觉得我伟大，表面上是我救了这个孩子，可事实上是他救了我。"两人诧异不已，听着女主人讲完剩下的故事。

原来，女主人婚后不久，丈夫突然车祸去世，她从此患上抑郁症，感觉到自己的人生毫无价值，对工作、生活也提不起兴趣，甚至一度想到自杀。那天去医院复诊，看到这个被抛弃的孩子，她就抱回来了。有了这个孩子以后，她精心养育孩子，把心思全部都花到孩子身上，结果抑郁症竟不药自愈了。现在，孩子的到来打破了她孤独生活的局面，对于工作她重拾信心，为了孩子她也开始用心打理生活，别人也许觉得她一个人带着残疾的孩子很辛苦，但实际上，她感到十分幸福。

两人听后唏嘘不已，女主人的爱意就是一剂良药，救治了两个人。

女主人抚养的不是自己的孩子，而且这个孩子还是个残疾，其中的艰辛不言自明，但也因为这个孩子的到来，女主人的心理疾病痊愈，重新找到了自己生活的价值，谁能说这是吃亏呢？爱和善良就像照亮他们生活的光，让两个本来遭遇生活不幸的人都找到了幸福的生活。

付出你自己的时间和精力去帮助别人，不仅不吃亏，还会让自己获得珍贵的东西，女主人得到一个家庭，这是多少利益都换不来的，那些只想着自己的人，怎么能懂这其中幸福的珍贵呢？

我国历史上有一段不计回报帮助别人，收获了珍贵友谊的佳话。

管仲和鲍叔牙早年一起合伙做生意，那时候鲍叔牙相对富有，管仲则比较贫困，于是鲍叔牙就出很多的本钱，但分红的时候，出很多本钱的鲍叔牙却只拿小头，他知道管仲家庭负担重，还问管仲："这些钱够不够？"

有一次，管仲帮助鲍叔牙出主意，结果事情办砸了，鲍叔牙不怪管仲，对他说：“事情办不成，不是你的主意不好，而是因为时机不好，你别介意。”管仲做过三次官，但是每次都被罢免了，鲍叔牙认为不是管仲没有才能，而是没有能赏识他的人。管仲参军作战，临阵脱逃，鲍叔牙没有嘲笑他，而是理解他家里有需要照顾的老母亲。

对于鲍叔牙的包容与帮助，管仲曰：“吾始困时，尝与鲍叔贾，分财利多自与，鲍叔不以我为贪，知我贫也。吾尝为鲍叔谋事而更困，鲍叔不以我为愚，知时有利有不利也。吾尝三仕三见逐于君，鲍叔不以我为不肖，知我不遭时也。吾尝三战三走，鲍叔不以我为怯，知我有老母也。公子纠败，召忽死之，吾幽囚受辱，鲍叔不以我为耻，知我不羞小节，而耻功名不显于天下也。生我者父母，知我者鲍子也。”

鲍叔牙举荐了管仲以后，甘心位居其下。管仲的子孙世世代代在齐国享有俸禄，多数是有名的大夫。天下人不称赞管仲的才干，反而称赞鲍叔牙能够识别人才，帮助他人。

在一般人的眼里，鲍叔牙为管仲做了这么多，最后还位居管仲之下，实在是吃亏吃大了。其实鲍叔牙是很有自知之明的，他知道管仲治国的才能在自己之上，他爱惜管仲的才华，就不计回报地帮助管仲。他的帮助成就了管仲，也维护了二人之间真诚珍贵的友谊，人生得一知己足矣，能得到管仲这样一个朋友，谁又能说鲍叔牙亏了呢?

常常怀着善心帮助别人，把对他人施以善意看得比利益重要，你会收获比能看得到的利益重要得多的东西。惠人就是惠己，你的内心会因为施以帮助而充满阳光，生活的充实感和真正的幸福快乐，都蕴含在这里面。

第十三章

越贪心，越容易吃亏

小便宜会让你越陷越深

在现实生活中，人们总是要做很多选择，大部分人都是看见便宜就想占，生怕吃亏。想占便宜怕吃亏是人之常情，但这样做却常常占不到便宜，说不定还会吃大亏。

郁飞是个乡村孩子，在考场上连连遭受挫折，复读三年也没考上大学，只好离开家乡，带着父母东拼西凑的700元钱，去广州打工谋生。

到了广州，他顿时傻了眼，这么大的城市，这么多高楼大厦，自己一个人举目无亲。更让他头疼的是，广州比起自己的家乡消费水平不知道高了几个档次，自己只有区区700块钱，不知道能不能撑得过一个星期。好不容易找到一间地下室，郁飞简单收拾行李后就出去找工作。

他刚走到马路边，就看到地上有一张银行卡，他弯下腰捡起来一看，卡的背面还写着一行字：姓名董能，密码196889。居然有姓名和密码！郁飞一边觉得失主太蠢，一边想到失主着急的样子，决定把卡交到最近的派出所去。走到一半的时候，他突然想到自己现在正是缺钱的时候，看着这座繁华城市里的一栋栋高楼，郁飞心里起了贪念，虽然这不是自己的钱，但既然飞到自己手里，这个便宜哪有不占的道理，失主吃亏是他自己蠢，谁让他把密码写在卡上还弄丢卡片，也许就是上天让他时来运转也说不定。这样想着，郁飞调转方向，到一个最近的取款机取钱，想先看看里面还剩多少钱。可是插进去一看，里面仅剩51元钱，不够手续费是取不出来的，他不免有点失落，他听他的同学讲过，到自动取款机上取钱必须是50元的整倍数，能够被50元整除，他又不敢到银行直接取，他害怕露出破绽。但转念一想，这51元虽少，但也是钱呀，他站在那儿，呆呆思索了好久，又狠了狠心，通过邮局往卡里注入60元现金。

第二天，第三天，只要一有空，他就天天往放在邮局外边靠近马路边的自动取款机跟前跑，把卡塞进去，看一看里面的余额，半个月过去啦，里面的钱分文没少，也没有人找这张卡，他十分兴奋，这下可以放心地用这张卡啦，虽然卡里钱少但也是钱啊，而且不用自己办卡还省下一笔费用呢。尽管郁飞知道这是不当得利，但此时的他已经高兴得不去想这些了。之后几天，他找到了工作，每到发工资的时候，他就把钱存到这张卡里。

几个月过去了，家里问他情况，想让他汇点钱回家，郁飞跑去取款机提款，我的天呀！这几个月存的几千元，不翼而飞！原来数目急剧下降，还被扣了手续费，仅剩5.5元！他呆呆地站在那里，想报案又不敢报，毕竟这不是自己的卡，报案后自己也没好果子吃，可是钱就这样没了，家里还等着呢，没法交代啊，一阵纠结后，他还是决定去派出所说出真相。

谁知到了派出所，警方立马让他配合破案，原来这本来就是个圈套，这个董能是个职业骗子，他特意到不同邮局，开了好几个账户，都只存51元，都是办了一个软卡和一个硬卡，然后把自己的信息，写在硬卡上透露出去，并扔到路边人多的地方。董能知道利用人们爱占便宜的心理，总有人会上钩的。这一招他用了很多次，屡试不爽。

贪婪最大的坏处，就是让人抱着侥幸心理，期待着不劳而获，这种心理是对我们的蚕食，有这样的心态，永远都不可能获得成功。董能正是利用大家的贪婪心理，才能成功骗到这么多人。伊索寓言中有一句话："有些人因为贪婪，想得到更多东西，却把现在拥有的也失掉了。"

掉在地上的钱自有失主，不是自己的东西就不要想着得到，想要把不属于自己的东西据为己有，怀着这样贪婪的心态，其实是在给自己埋下祸根。我们并非无欲无求，但在吃亏与占便宜之间，不能总盯着眼前的利益计算来计算去。与其想着占别人的便宜，不如守好自己的本分，甚至把有利益的事让给别人，不计较物质得失，这是一种品质，拥有这样的品质，才不会让我们的路越走越窄。

刘芳是一个成绩、长相都十分普通的学生，她上大学的时候，并没有太多人看好她的前途。可让人大吃一惊的是，五年后的大学聚会，这位曾经平常的小姑娘，如今却当上了一家公司的副总经理，成为同学之中混得最好的一个。好多同学敬酒的时候问她："你是怎么混得这么好的？"刘芳只说："我就是一路吃亏吃升职的。"

大学毕业那年，刘芳找到一家女性化妆品推广公司，一次月末接待完客户，客户的公司突然出事了，要赶过去处理，恰好客户带着孩子，家里又没人，就想把孩子留下来托人照顾。可是公司月底有员工福利，在礼堂玩游戏，胜利的人可以获得公司赠送的1000元超市购物卡。不赢没关系，但游戏一定要参加，要是错过一次，就扣下个月工资的5%。同一团队的都不愿意帮忙照顾，只有刘芳爽快地答应了。

那位客户回来接孩子的时候知道了这件事，十分感激刘芳，就以刘芳客户的名义购买了很多该公司旗下的化妆品，这件事让老板对刘芳印象很好，她成为这批新人中第一个升职的。

每年过年单位里都有年货，是专门为不能回家过年的员工发放的福利，但年货数量有限，所以一到发年货的时候，大家就一阵哄抢。刘芳总是站在最后，等大家把好的挑走后拿起剩下的。同单位刘姐家是北京的，按道理公司是不给她发放年货的，于是刘芳就把自己的年货让给她，说是自己的家在外地，没有这些年货也没关系，而刘姐家在北京，过年都不带回去点东西，父母难免多想，就让刘姐把年货带回去。

刘姐虽然位置不高，但看人很准，领导有时会偷偷向她询问员工的情况，每次领导询问时，她都会给刘芳打很高的分数。不多久，刘芳就又升职到新的位置了。

不贪图小便宜，不怕吃亏，这就是刘芳在岗位上能平步青云的秘诀。俗话说“人为财死，鸟为食亡”，很多人就是为了一点小利益工于心计，最后反而吃了大亏。要懂得除去贪婪的念头，把物质利益看轻。能做到这一点，就说明你已经把诚信、关心他人这些好的品质摆在比物质利益更重要的位置了。看看上面的例子，想占便宜的郁飞反而栽了个大跟头，把自己的利益让出的刘芳却能平步青云。

贪婪面前要懂得克制自己，一心想着占便宜不肯吃亏其实是把自己的路堵死了，最后不可能得到好的结果的。

心存贪念很危险

吃亏的人不会永远吃亏，占便宜的人也不能一直占便宜，对待吃亏占便宜，应该用平和的心态，不计较，不争斗，切忌贪心不足，吃一点亏就无法忍受，更不能想着占别人便宜。老想着占别人便宜的，到头来反而是自己吃亏。

阿拉斯加有一位老太太，在90岁的时候患了重病，老太太膝下无儿无女，但是有一所豪华的大宅子。

老太太的私人律师想得到这座房子，但是按照当时的市场价，这么豪华的房子至少也要70万美元，律师根本就负担不起。思前想后，这个律师决定同老太太签订一份合同，合同规定：在老太太有生之年，律师每月付给她2500美元生活费，并且帮助她雇用伺候她的用人，相应地，等到老太太去世的时候，这座房子归律师所有。

律师想着，老太太已经90岁了，老年病又这么严重，就算她能活到100岁，再活十年，自己也仅仅付出40万，怎么算也是赚了，老太太又没有家人，没人来跟他算这笔账。

对于律师提出的合同，老太太很快就答应了，是因为自己没人照顾，确实需要律师的帮助，而且自己无儿无女，这房子留给谁也是无所谓了。

然而，令大家没想到的是，老太太在用人的照料下身体竟然渐渐好起来，不知不觉活过了100岁。律师心里很慌，但由于合同有法律效益不能违背，只好继续给老太太提供生活费。

老太太去世的时候122岁，在这32年中，律师总共付出127万美元，将近房子价值的两倍。

律师觉着老太太活不久了，想借机占老太太便宜，不花多少钱就占下老太太的房子，没想到最后落得个吃亏的结果。

世事难料，哪有那么多好事都能让你算计上？真是应了那句“聪明反被聪明误”。这个故事给那些为了一己私利想占别人便宜的人上了精彩的一课，总想占别人便宜的人，恐怕没有那么幸运能占得着便宜。

老占别人便宜，是对你自己品行的蚕食，老想拿不属于自己的东西，这样的贪婪之心就会为你招来祸患。

有一个早餐店的老板，平日里为人小气，来吃早餐的顾客若是付错了钱，他总是装不知道，默默收下多余的部分。给顾客的分量也是能少就少，所以生意一直不好，但是他不自知，还觉得是周围的商贩抢了自己的生意。

一次，来店里的顾客不小心打碎了装油条的盘子，老板立马大发脾气，喊着叫顾客赔偿。顾客一边道歉一边拿出两块钱递给老板。老板一看，这个顾客这么好说话，想着趁机占个小便宜，就不依不饶地继续大吵。顾客掏出两块钱，已经超出了盘子本身的价格，老板非要顾客给十元才罢休。顾客赶着上班，不想多纠缠，给了老板十元钱就走了。

这次以后，老板更加嚣张了，常常在一点琐事上刁难顾客，每天就想着怎样多占点便宜。过了一段时间，老板因为一点琐事和小地痞发生了冲突，因为一点亏也不习惯吃，老板带着店里的人和小地痞火拼，结果被砍五刀，最后住进了医院。

早餐店的老板常常占小便宜，久而久之，占小便宜就成了他的习惯，到了该避让的时候也不知道避让，结果吃了大亏。

生活中切忌总是想着占他人便宜，贪心不足只会害了自己。等到贪婪成性，心智就会受到蒙蔽，该低头的时候不知道低头，该谦让的时候不知道谦让，最后的结果只能是贪心不成反遭报应。天下没有免费的午餐，所以在占便宜的时候，还是多想想自己能不能承受这个便宜背后的亏损吧。

心存贪念，耍手段占他人便宜不是真正的聪明，聪明人知道福莫大于无祸，没有祸患就是最大的幸福。一天到晚四处钻营的人比任何人都要更加不幸，真正聪明的人不会用这种聪明来为自己谋利益。

电视剧《乔家大院》里，乔致庸经商的才能让很多人折服，究其原因，不过是莫贪莫骗，以信交人，以诚行事，宁可自己吃亏也不亏着别人。

乔致庸是典型的晋商。山西学者王尚斌曾说：“会吃亏是晋商秘不示人的祖训。”晋商见多识广，为商不贪，不想着怎样占顾客的便宜，而是求得顾客心中觉着买卖公平，满足顾客的小贪心。与人打交道，晋商从中积累丰富的人生经验，不贪他人的便宜，这才是真聪明。正是这种聪明，让晋商闻名中华大地，成为商家的典范。

再看水泊梁山的宋江，本来是没什么武艺的人，却坐上了水泊梁山的第一把交椅，底下还没一个不服气的，原因很简单，宋江这样的人当领导，不会让大家吃亏。

宋江能仗义疏财，人称“及时雨”，哪里有需要帮助的他就去帮，也不要回报，时间长了名声在外，大家都知道跟着宋江混一定不会吃亏，自然就对他服服帖帖。欲取先予，而那些心存贪念的人只想着怎样往自己兜里讨好处，怎么能懂得这样的智慧呢？

晋商们和宋江都是真正聪明的人，知道用满足别人的方式与人相处。这样的相处方式不仅不会吃亏，反而会得到回报。

每个人都怀着小小的自私心理，这不是什么不好的事，毕竟我们都是人，都会有缺陷，自私与虚荣是不可避免的人性弱点。所以有的人不懂得吃亏，希望守住自己的利益，这也能理解，但万万不可做的就是心存贪念。心存贪念是最可怕的弱点，守住自己的利益还不够，总想着占别人的便宜，不是自己的财富想占有，不是自己的名声想争夺，这样只能落个吃亏的下场。就像是老人常说的会遭报应，不是你的总得交出去，虚假的名声早晚会被识破，以后想翻身都难，还不如老老实实做人来得平安幸福。

贪欲是可以被利用的

大多数人都有贪占小便宜的心理，利用这种心理，很多人往往能从别人身上得到好处。

很多骗子就会利用这种心理让人上当受骗，用一点小利益引诱你，让你掉进他们的陷阱。当然，这是不合法的，大多数利用别人的贪心谋取自己利益的情况见于商业中，商家利用顾客爱占小便宜的心理提高自己销售量的例子不胜枚举。

买一赠一的销售方式由来已久，其原理就是给顾客一点小恩小惠，吸引顾客以达到促销的目的。

奥兹莫比尔汽车厂是美国康涅狄格州最大的汽车厂之一，但是有很长一段时间，工厂销售量不尽如人意，业绩一直下滑，最严重的时候几乎要倒闭。

原因是车厂里有一批积压的南方轿车没有销路，时间一长，仓租利息不断增加，新生产的托罗纳多没有市场竞争力，滞销严重，生产无法继续进行，亏本严重。

怎样才能改变这样的局面呢？总裁很头疼。他叫来销售团队，对市场进行认真分析和研究，又对汽车厂的现状进行了反思，大胆设计了“买一赠一”的促销方式。该厂规定，凡是顾客购买一辆托罗多纳牌轿车，就免费赠送一辆南方牌轿车。

一般的买一赠一都是买大赠小，奥兹莫比尔汽车厂居然打破这种定律，将两样价格相当的东西捆绑促销，难道就不怕吃亏吗?

其实经过对车厂和市场的分析，这是能想出来的最好方法。不能把这些压仓的汽车卖出去，所花费的仓租和保养费是超过这些汽车本身的价值的，等于是车厂把赔大变成了赔小。汽车卖出去了，资金就可以迅速回笼，可以扩大再生产。利用促销还可以提高名声，扩大市场，顺便将南方汽车的牌子也带出来了。

陈旧的促销方法已经使顾客麻木，一听到买一辆车赠一辆车，顾客都兴奋不已。顾客的消费欲被大大地刺激了，很快，之前压仓的汽车全部脱销。“南方”作为低档轿车的牌子在市场上打响，最后也开始独立销售，奥兹莫比尔车厂起死回生，生意兴隆。

奥兹莫比尔车厂的销售方法，就是利用了顾客贪占便宜的心理，让顾客觉着购买托罗多纳牌轿车很“划得来”，既满足了顾客，赢得了口碑，同时也促进了企业的发展。

19世纪末，刚刚撞开中国大门的洋人拿着香烟进入中国市场，却发现在习惯吸水烟和旱烟的中国人中，这种洋玩意根本没有销路。可是到了20世纪初，这种“洋玩意”在中国已经供不应求，上海浦东甚至出现了美英香烟厂，最后垄断了中国香烟市场。那他们是怎样打开香烟销售的市场，改变了中国人从古就有的习惯的呢？他们正是利用了人贪占小便宜的心理。

当年的上海街头，总有一些外国人戴着高帽子，手里拿着西洋广告牌，他们走到最繁华的地方：茶园、酒肆、戏园，然后从兜里拿出装有香烟的小盒子往人群里撒，与小商贩不同的是，他们不要钱。

有时候他们拿出香烟往你嘴里送，有人吃惊不肯接受时，他们就自己拿出一支点上，一边演示怎样吸香烟，一边用蹩脚的中文说："好东西，送给你们的……"

免费的！不要白不要！人们都很乐意讨个免费的便宜。免费的香烟拿回去了，自然就学着抽两口，就这样，很多人学会了吸香烟。旱烟和水烟要钱，香烟免费，当然要吸香烟了，上海人渐渐扔掉了旱烟和水烟，习惯了用这个洋玩意。

见中国人习惯了吸香烟，外国人觉着时机成熟，开始大肆推销，也不再赠送。尽管不再赠送，但很多人早已染上了烟瘾，只好花钱购买。香烟就这样一点点侵入了中国市场。

在中国人不习惯香烟的时候，聪明的外国人利用国人爱占小便宜的心理吸引他们先对香烟产生兴趣。面对免费的好事，国人放下了吸了很久的旱烟和水烟，转而尝试这种从来没抽过的洋玩意，最后染上了烟瘾，想戒都很难了。中国没有生产香烟的技术，白花花的银子就这样流进了洋人的口袋。

经商的目的是赚钱，商人不傻，凭什么做赔本的买卖？当你觉着占了便宜的时候就该当心了，天下没有免费的午餐，这或许是人家引你上当的手段。要是国人没这一点占小便宜的心理，香烟怎么能这么容易就打入中国市场？所以说，利用你的贪欲，别人就能从你身上捞好处。因为贪欲会蒙蔽人的双眼，使人只看见眼前的便宜，而忘了身后的代价。

商人把免费赠送当作让消费者购买之前的体验形式，也当成一种最为有效的广告。当然，免费赠送也是有条件的，只要时机成熟，就能带来意想不到的收获。这种方式之所以能那么成功，秘诀就在于它直击消费者心理。我们都知道商品有利润，自己每次付出的金钱都超出了商品的成本价，在这个意义上，顾客觉得自己是吃亏的。免费赠送正好能填补顾客这种心理，不付出金钱还得到了好处，顾客觉得占到了便宜，占一次就还想占第二次，不知不觉就习惯了使用商家提供的商品。不付钱，对商品更容易产生好感，产生认同感。

可口可乐公司刚开始进入中国市场时，也是“慷慨”地向中国捐赠了两条生产线，美其名曰：向各国大使馆的官员提供他们早就喝习惯了的可口可乐。

这两条生产线白白投入了几百万，但现在遍布中国的可口可乐生产线，都是花钱买来的。免费建立生产线，这样的好事谁都不会拒绝。建好生产线，生产可乐，就可以刺激消费需求，日积月累，两条生产线不能满足庞大的市场，自然有人找上门来送钱。

同样聪明的还有肯德基。1986年，肯德基在北京的大街上摆上优雅干净的免费品尝点，很快就利用这种方式让北京人熟悉了这个外国快餐品牌。利用免费品尝点，肯德基摸清了哪里开店最能吸引顾客，然后在1987年，肯德基正式登陆中国，为以后各个地区分店的成立迈出了第一步。

免费赠送就像是鱼饵，贪食的鱼儿会上钩，利用顾客贪占小便宜的心理，聪明的商家总能赚到大好处。

越不想吃亏的，越吃亏

生活中，我们不难发现，心存贪念的人，见到利益就死也不肯放手，不肯吃一点亏，最后反而落个吃亏的下场。

享誉世界的自然遗产阿根廷伊瓜苏大瀑布是世界上最壮观的瀑布之一，作为旅行者最爱的旅游胜地，这条每年吸引了无数游客的瀑布，为巴西人创造了巨大的物质财富。

咦，不是说阿根廷自然文化遗产吗？怎么为巴西人创造了巨大的物质财富？的确，你没听错，就是为巴西人创造了巨大的物质财富。

这条美丽非凡的瀑布位于伊瓜苏河上。伊瓜苏河是阿根廷和巴西的交界河，属于两国共有，伊瓜苏大瀑布作为界河的一部分，一直以来也是两国共有。

这条瀑布的蔚美壮观让阿根廷人看到了巨大的商机，他们提出要把瀑布纳入自己的版图。巴西人当然不同意，这是界河上的，怎么能归你们所有？两国就这个问题进行了多次谈判，都没有达成共识。谁也不肯让步，谈判得不出好的解决方案，眼看矛盾进一步升级，巴西人率先做出让步，不就是损失一点旅游资源吗，我们妥协了。阿根廷人如愿以偿把大瀑布纳入自己的版图。

成功把瀑布纳入版图，下一步就是开发。阿根廷将伊瓜苏大瀑布上报联合国申请世界自然遗产。1984年，经过几次考察，伊瓜苏河公园全部被列入《世界自然遗产名录》，还在此建立了很大的国家自然保护区。由于处在界河上，这个自然保护区有一大部分都位于巴西境内，但由于瀑布属于阿根廷，因此自然保护区的保护工作由阿根廷担负。

为了保护瀑布，阿根廷每年都要投入很大的人力物力财力，看着巴西人不用做什么就占有自然保护区的大部分，阿根廷人心里很不舒服，但是一想到以后可能占据的旅游资源，阿根廷把这种不快咽了下去，毕竟瀑布属于阿根廷。

慢慢地，伊瓜苏大瀑布成为世界各地的游客争相来观览的名胜，但是让人想不到的事再次发生了，游客们发现，瀑布虽然位于阿根廷境内，但观察瀑布的最佳位置却位于巴西境内。在阿根廷境内的游客，无论站在哪个角度都欣赏不到瀑布最美的样子。这下，原来为看瀑布前往阿根廷的游客都跑到了巴西，阿根廷人每年承担巨大的维护费用，却只能眼睁睁看着巴西人赚钱。

阿根廷人看到瀑布暗含商机就想据为己有，把这条本来属于两国的共同财产界河划成两部分，引起了两国的矛盾不说，最后还没占到便宜。

为什么想占便宜的人反而老是吃亏呢？就是因为心存贪念会让人失去理智，不能对事情做出正确的判断，只盯着眼前的利益而忽视了长远的利益，只盯着小的利益而忽略大的利益。利令智昏，执迷不悟，一定会导致失败。

范蠡一生智慧，知进退，懂得见好就收，不贪名利，善于放弃。可是他的大儿子却是个贪心鬼，没学到范蠡为人处事的一分一毫，还因为贪心害死了自己的弟弟。

范蠡在陶地定居的时候，小儿子在楚国犯罪入狱。范蠡准备了一箱子金银财宝，准备叫二儿子去救小儿子。大儿子听到这事，对范蠡说："今弟有罪而遣少弟，是吾不肖。"说着就欲自杀。范蠡的老婆慌了，叫范蠡改派大儿子去，但是范蠡知道大儿子的本性，害怕他坏事不想让他去，无奈他以死相逼，只好答应。临走之前范蠡千叮咛万嘱咐，一定要把这些财宝全部交给帮助他的庄生，不可因为贪念扣下一点儿，不可忤逆庄生的意思。大儿子满口答应着去了楚国。

大儿子来到楚国，见到庄生，发现他样貌平平，家里也贫穷得很，心里生出几分鄙夷，但还是把财宝给了庄生。庄生收下财宝，对大儿子说："你快快回去，千万不可以留在楚国，你弟弟要是被释放了，也不要问什么原因。"

大儿子走后，庄生立刻进殿面见楚王，要楚王施行仁政，以德治国，消除天灾，并进言让楚王大赦天下。庄生在楚国一向很有名望，士大夫都敬他三分，楚王把他当成自己的老师，所以庄生说话很有分量。楚王听了庄生的话，下旨大赦天下。

大儿子嘴上答应着，心里一点也不相信庄生。他留在楚国没走，自己私下找到当地有权有势的人，想请他们帮自己救出弟弟。这边人还没找好，就听说楚王大赦天下，激动之余不禁想到，庄生什么忙都没帮，给他一箱财宝太便宜他了，那么值钱的东西，自己应该拿回去才是。

接到弟弟的第二天，大儿子上庄生家里，要要回那一箱财宝，他说："弟弟现在因为运气好赶上大赦天下被放了，你并没有帮上忙。"庄生觉得受了羞辱，生气地把财宝还给大儿子，再次进宫面见楚王说："我听说陶朱公的儿子杀了人被囚禁在楚国，他的儿子带了很多钱财贿赂您的手下，现在百姓都认为您大赦天下不是仁义，而是为了他的这个儿子。"楚王大怒，命人把范蠡的小儿子抓回来，当众处斩了。

范蠡的大儿子贪恋一点钱财，惹怒了庄生，本来能救出来的弟弟被处死，他可以说是间接的凶手。正是因为把钱财看得太重，所以他不能看到大赦天下背后的计谋。

人与人交往时，一旦起了贪念，为了维护自己的利益，就不可避免地会伤害到他人的利益。伤害他人的利益，就失掉了人心，早晚要因为人际不和吃亏。即使对方隐忍，你也不一定能得到好的结果，因为贪心的人缺少大智慧，做出的决定往往不正确，当然得不到好结果。

佛语说钱财乃身外之物，对于利益，我们要学会放手。祸从贪起，不愿意吃亏的反而吃亏，放下贪念不计较的人最终会有意想不到的收获。

适当满足他人的贪心

在人与人的交往中，要想获得某种利益，就一定要保持相对的利益平衡关系。没有人愿意被他人占便宜，相反，人人都有些贪心，很多人还时不时想占别人的便宜。

有的时候，为了不让自己吃亏，我们可以满足他人的贪心，以此来赢得人心。你给他人一些小利益，使他人满足，他人会产生“礼尚往来”的想法，那你就能用抛出去的小利益带动利益回收。精明的商人深谙此道，将这种心理运用在营销学上。

美国的马克氏威尔咖啡在世界各地都受到了认可，只有日本的市场，无论如何都打不开。公司高层为此多次召开会议，发现马克氏威尔在日本面临的问题主要有三个：

第一，马克氏威尔咖啡虽然在世界市场上占据第二的位置，但仍有很多日本人根本就不知道这个牌子，没有知名度是第一个障碍。

第二，日本消费者是出了名的具有极高的品牌忠诚度。尽管马克氏威尔的咖啡经过改良后在其他国家得到广泛好评，但是由于日本消费者忠实于其他品牌，因此根本不会去尝试这种咖啡。连尝试都没人尝试，上哪里打开市场呢？更谈不上培养固定消费人群了。

第三，据市场调查的结果，有60%的消费者不愿意改换咖啡品牌，即使有廉价促销，很多人也不会多看一眼。

怎么办呢？面对顽固的日本市场，这个驰名世界的咖啡大亨犯了愁。撤出日本市场他们不舍得，但不撤出来，每年的大量投入没有回报，公司一定会亏损。经过仔细考量，公司高层最终做出决定：至少拿出1000万份样品进行免费赠送。只有用免费赠送这样一亏到底的方式，才能吸引执着的日本顾客放下他们手中的咖啡转而尝尝马克氏威尔。

1965年3月到5月，马克氏威尔进行了第一次赠送活动。他们将咖啡样品夹在日本销量第一的面包包装内。结果这个试探性的举动获得了意外的成功，其他面包公司纷纷来请求合作，赠送咖啡的渠道增加了很多。

1965年10月，在第一次赠送活动中尝到甜头的马克氏威尔再次进行赠送活动，同时向东京、大阪、名古屋等七个地区送出600万份样品进行赠送。“免费的咖啡”就像一个磁铁，吸引了无数的顾客尝试这种他们以前碰都不想碰的咖啡，另外，越来越多的食品公司想要和他们合作，因为赠送免费咖啡使得面包销量大幅上涨。

1966年秋季，在日本地区扩大知名度的马克氏威尔咖啡一鼓作气，增加了三个地区的赠送活动。这次，日本十个地区共赠送出1000万份样品。按照这样的数字算一算，有多少日本人在不到一年的时间里认识了马克氏威尔咖啡呢？

公司高层对这个结果非常满意，比起他们投入的大量资本，让人真正满意的是在这种小利益的诱惑下，固执的日本消费者终于放下了他们手中习惯饮用的咖啡，转而成为马克氏威尔的消费者，可以预见，不多久，他们就会变成固定消费群体。

马克氏威尔能成功，正是运用营销法则中满足他人贪婪心理的方法，一开始不计成本地与面包厂合作，满足了面包厂的贪婪心理，免费赠送咖啡既可以提高自己的销量，自己又不付出任何成本，当然愿意帮忙。对于消费者来说，免费的便宜不占白不占，因为即使是自己熟悉的咖啡品牌也要用钱才能买来，那就不如喝免费的，况且咖啡价格高于面包，买面包赠送咖啡，这便宜不占简直就是傻。

当然，马克氏威尔咖啡本身品质良好，有让消费者一尝即爱的魅力，所以这种策略才能如此成功。马克氏威尔是为了自身获取利益，而想出了先满足他人利益的方法。

通过满足他人的贪婪心理来维护自己的利益，这是非常聪明的，这里面包含了对大利益与小利益的评估，对眼前利益和长远利益的判断，包含了在人与人交往中对他人心理的准确把握。

城外诚家具城的刘长河就是一个非常懂得利用他人的贪婪心理谋求自己利益的商人。创业初期，他用“厂家不挣钱就不收租金”的方法一炮打响，成功之后，他将这个方法运用得更加彻底。

城外诚的家具厂出售家具，出了问题由城外诚负责修理赔偿。有的顾客想占便宜，家具拿回家自己用坏了就送回来，硬说是家具本身有问题，刘长河不跟顾客争执，帮顾客把家具修好，再免费送到家里。顾客想占小便宜的心理得到了满足，对城外诚赞不绝口。这样的顾客没有几个，但只要有一个，如果满足他的需求，就能起到广告效应，大家一致夸赞城外诚做生意老实，口碑非常好。

最典型的一次，卖场公共休息室的椅子被小孩子洒上了饮料，弄湿了顾客的衣服，这位顾客大闹一场，要城外诚赔她一件衣服。刘长河让人帮她把衣服洗干净，又买了一件一模一样的，让人叠整齐给这位小姐送了过去，这位小姐白捡一件衣服，什么怒火都消了。

刘长河明白，满足这种顾客的贪婪心理，是为了给自己避免不好的名声，以免在别的地方吃亏。因为这样的经营，在2005年北京老百姓评选的“北京十大最具影响力品牌”中，城外诚榜上有名。

那些在卖场里闹事的顾客，无非就是想占些小便宜，吃点小亏满足他们，可以避免事态进一步扩大，也可以避免顾客恼羞成怒给城外诚的名声带来负面影响，那就是隐性的损失了。刘长河正是精通此道，才这样忍让。

自己吃亏满足他人贪婪心理的人看起来像傻子，其实这种傻子最精明。在你能够保证生存的基础上，满足他人的贪欲，可以避免自己吃大亏。

第十四章

面子上的便宜，让别人去占吧

顾全别人的面子

谁都有虚荣心、自尊心，给对方留点面子，是对别人的尊重，既可以避免伤和气，又体现出你的修养。下面一个故事来自著名成功学导师卡耐基所著的《人性的弱点》：

有一段时间，我担任史密斯爵士的私人助理。战争期间，他被调往巴勒斯坦做澳大利亚的空军军官，他在一个月内绕地球半周而轰动了全世界，这是从来没有过的壮举。为此澳大利亚政府奖励了他5000美元，英国女王也授予他爵士头衔。一时间，他成了英国的焦点人物。

一天晚上，我参加了一个欢迎史密斯先生的宴会。席间，坐在我身边的一位上校讲了一个幽默故事，这个故事用到了一句话："无论我们如何粗俗，有一位神，就是我们的目的。"讲述者认为这句话出自《圣经》。但我绝对肯定，他错了。为了显示我的重要和优越感，我委托一个人指出了他的错。他却坚守自己的观点：什么？出自莎士比亚？不可能，不近情理，就是出自《圣经》！当时我的一个老朋友加蒙先生坐在我的另一边。他精通莎士比亚，最后我们想请加蒙先生来判断。加蒙先生静静听着，在桌下用脚碰了碰我，说："戴尔，你错了。这位先生是对的，是出自《圣经》。"当晚回家时，我对加蒙先生说："老实说，你知道那句话是出自莎士比亚的。""是的，出自《哈姆雷特》第五幕第二场，但我们作为宴会的客人，为什么非得证明别人是错的？为什么让别人没有面子？他并没有征求你的意见，你为什么非要和他争辩？要记住：永远避免正面的冲突！"

在这个故事里，加蒙先生明明知道卡耐基是对的，但他仍然没有戳破，而是给那位刚刚高谈阔论完的先生留下余地，让他不至于陷入尴尬的境地。

试想如果有人当众让你难堪，反驳你或者是揭露你的缺点，那你还会对那个人产生好感吗？一定不会，你会对那个人产生厌恶的情绪，而这种情绪就会使你们的关系一步一步恶化，以后他要是有让你帮忙的地方，我想你也一定是很乐意袖手旁观，因为没有人会同情以前让自己丢脸的家伙。将心比心，其他人对你也是一样，有的事情即使是你吃了亏，也不妨忍让一时，为他人保全面子，谁都不是傻子，你的忍让和好意会让他人心存感激，这样，没人愿意和你激化矛盾，反而会因为感激的情绪与你修好。

周定王二年，楚庄王的部队经过艰苦作战，平定了叛乱之后，楚庄王大摆酒宴，招待群臣，欢庆胜利，名曰"太平宴"。正当君臣喝得尽兴时，庄王把自己的宠姬许姬叫出来给群臣敬酒。突然吹来一阵大风，把大厅上的蜡烛都吹灭了，顿时全场漆黑一片。这时有一员武将垂涎许姬的美色，又趁着酒兴，凑上去摸了许姬一把。许姬大惊，左手奋力挣脱后，右手顺势扯下了那人帽子上的系缨。

许姬将帽缨握在手中，连忙告诉庄王说："刚才敬酒时，有人乘烛灭欲有不轨，现在我把他帽子的系缨抓了下来，大王快命人点蜡烛，看看是哪个胆大包天的家伙干的。”谁知庄王沉思片刻，却让人暂缓点蜡烛，然后对众人说道：“今天大家都喝得这么高兴，我看还是都放松放松吧，干脆把头盔帽子什么的都摘下来，那样喝得更痛快些。”蜡烛点上以后，酒宴重新开始，庄王照样谈笑风生，始终没有追查那个冒犯宠姬的人。许姬对此感到非常惊讶，席后，许姬埋怨庄王不为她出气。庄王笑着说，人主群臣尽情欢乐，现在有人酒后失礼情有可原，如果为了这件事诛杀功臣，将会使爱国将士感到心寒，民不会再为楚国尽力。许姬不由得赞叹楚王想得周到。

七年之后，楚庄王兴兵伐郑，前部主帅襄老的副将唐狡，自告奋勇带百余名士卒做开路先锋。唐狡与众士卒奋力作战，以死相拼，终于杀出一条血路，使后续部队兵不血刃杀到郑都。

论功行赏时，唐狡辞谢说：“太平宴上，被许姬扯下帽缨的正是为臣，蒙大王之恩，所以今日舍身相报。”庄王听后感慨万千。

唐狡是非常有地位的武将，当时宴会上群臣聚集，要是楚庄王一时生气查下去，把唐狡揪出来，倒是罪不至死，但唐狡以后一定是在众臣之中抬不起头了，冠上一个贪恋女色的名号，走到哪里都要被人指指点点。时间久了，唐狡心中难免生出怒火，一定会记恨起楚庄王来，哪会再给楚庄王拼死效力呢？楚庄王明白，欺负了自己的妃子固然可气，但给臣下留一个面子，也是为自己治国方便。

我们说不准就会遇到一些让自己恼火的事，比如对方有意无意地触犯了我们，但在发火之前一定要考虑对方的感受，如果因为一点小事让对方难堪了，最后惹人厌烦的其实是我们。不妨多多照顾他人的面子，拿出自己的豁达与风度，既可以消除不快，又可以体现自己的修养。

多找台阶给人下

我们在单位里的同事可能来自天南海北，每个人的性格和成长背景也都不一样，但总有人受欢迎一些，大家都喜欢与其相处，也有一些人就像老人们总讲的“不招人待见”。

小张在北京分公司工作，最近公司里来了一个海归小安。小安刚上班没多久，对很多事情都不清楚，小张给他讲解，却发现他每次都不懂装懂，还老是端着海归的架子，嘴上一个劲儿说明白了，其实根本不清楚，老是犯错误，一个星期下来，工作上的事一塌糊涂，小张总是要给他收拾烂摊子。小张气不过，就在星期一的例行会议上当着全体同事的面批评小安，由于一星期攒的怒气，小张极尽挖苦，同事都看了笑话，弄得小安十分下不来台。看见小安窘迫的样子，小张十分解气，觉得自己一星期吃的亏终于是讨回来了。谁知小安丢了面子，一气之下把小张投诉到总裁那里去了，总裁把小张叫到办公室，狠狠地批评了他一顿，说他容不下新人，还说小安有不明白的地方就是他工作失职，总裁要求他给小安道歉，还扣他奖金以示惩罚。小张委屈极了，凭什么自己就要道歉受罚，小安不懂装懂不好好做事就什么事都没有，但是总裁的命令不能违抗，小张还是拨通了小安的电话。其他同事也纷纷指责小张为人刻薄。

在这件事里，小安的确是有错在先，最后总裁的决定，其实也对小张不公平，但为什么所有人都说是小张的不对呢？原因就是他没有给小安留面子。小安有海归的身份，理解不了就不懂装懂，这就是爱面子的表现。小张因此在例行会议上批评他，等于是做了让小安很丢面子的事。人人都把面子看得很重，在大家面前受到羞辱是谁都忌讳的事，小安在工作上犯了错，小张就让他在大家面前丢人，站在小张的立场上觉得平衡了，可是小安却觉得自己吃亏，在其他人看来，也会觉得小张为人刻薄。所以尽管错在小安，但小张却招致了大家的反感。工作上的错误是一定要纠正的，但可以换一种方式，比如，小张可以单独约小安出去谈谈，就不至于让小安这么难堪，你为他人的面子着想，他人也会以更放松的姿态和你交谈，这样避免了矛盾，更容易得到好的结果。

蒋鑫出生在农村，进城拼搏了十几年后开了一家小公司，刚刚过上好日子，他怕城里人瞧不起自己的出身，对谁也没说过自己家乡的情况。恰好有个发小儿进城打工，发小没有学历，刚来城市又无依无靠，蒋鑫就收留了他，并且在自己公司里给他安排了一个职位。

这天恰好公司上层聚餐，蒋鑫想着自己的发小儿长在农村也没吃过什么好的，就把他一起带去了。饭桌上大家聊起小时候的事，说小时候吃苦长大有福，听到这里，蒋鑫的发小突然开口说：“哎呀，你们不知道，蒋鑫小名可是叫铁蛋哪，小时候可是个土孩子，什么也没见过没吃过，现在还不是风风光光的，指挥着一大圈人。他以前啊……”蒋鑫的发小儿说个不停，饭桌上的人全都笑开了，只有蒋鑫脸色难看，做老板的面子完全挂不住了。饭局结束后没多久，蒋鑫就找借口把发小儿从公司打发走了，也不再给他提供经济援助。

蒋鑫不告诉大家自己的家庭情况，就是担心大家瞧不起自己，发小儿在饭局上一下说出来，还叫他的小名，这让蒋鑫作为老板在员工面前的形象大打折扣，这样的发小儿怎么能让他留在公司呢？人人都爱面子，你肯定也不希望有人总当着别人的面揭你的短吧，与人交谈的时候，要多多顾及别人的感受，一个懂得顾全他人面子的人，一定会左右逢源，人际关系和谐友好。

有一家公司招聘了一批员工，在新员工见面会上，老板要逐一点名。

“仝烨（全华）。”老板叫道。好半天没人吱声。“仝烨（全华）！”老板又叫了几声。只见一位员工站起来怯生生地说：“老板，您读错了，我叫仝烨（同业），不叫全华。”会场里发出一片低低的嘲笑声，有个新员工还打趣地说：“老板的小学语文一定是数学老师教的。”这下，大家笑得更凶了，老板的脸色有些不自然，没有往下接着点名，也没有叫刚才那位新同事坐下，似乎是不知道该怎么处理这尴尬的场面。这时，一名员工突然站起来说：“报告老板，我是新来的打字员，是我不小心打错了字。”老板听后脸色缓和不少，立马对他说：“你太马虎了，这次就不追究你，下次一定注意。”会场的笑声停了，老板接着往下点名。没多久，这位打字员就被提升为公关部经理，而那位打趣老板的员工则因为团队配合老是出问题而被解职了。

表面来看，这位老板确实是没什么水平，而那位小打字员承担不是自己的错误就好像拍马屁。但人非圣贤，孰能无过？谁都有自己的知识缺陷，犯错误出洋相是避免不了的。作为下属，公然打趣老板，让老板的面子往哪里放？打字员巧妙地替老板化解了尴尬，虽然承担了自己不该承担的错误，但老板一定对他心存感激，有事就会多想着他，这样他就会有更多的机会表现自己的能力。我们宁可自己吃亏，也不要让别人面子上过不去，这是人际交往的黄金法则。人活脸，树活皮，中国人尤其把面子看得重要，懂得给别人台阶下，才能避免摩擦，避免别人对你心生不满，我们才能有更好的人际环境。人际环境好了，我们的工作、生活才能更加顺利。

上司的面子要帮忙保住

我们的职场前程，是和我们的上司密切相关的，领导的喜好有时候决定着员工的命运，这是职场的铁律。

没有人是万能的，上司也有能力达不到的时候，或一时疏忽犯错误的时候。这时候下属切忌因为自己的利益受损就做出有损老板面子的事，甚至要主动吃亏，为你的老板保全面子，这是为了维护你自己的职场前程。

郡太守高伦手下有个叫陈寔的，因为品行端正被推荐为郡功曹。高伦十分信任陈寔，对他常常提点，也愿意委以重任。

中常太守和高伦关系很好，一次，他托付高伦任用一个自己的亲信为官，可是他推荐的这个人为人愚钝，不学无术，一看就知道无法胜任，但碍于两人的交情，高伦不好推脱。

陈寔知道了这件事，担心任命之后大家会觉得高伦不识人才，又会有高伦任人唯亲的流言传出，就亲自去找高伦，让高伦告诉大家，是自己一心举荐任命此人。

高伦吃惊，不知他为何要这样做，陈寔解释道：“此人一看就不能重用，您无法推脱，但是任命之后，一定会有关于您的不好的流言，一传十十传百，大人的名声是要受损的，不如就说是我签署的这个任命，这样就不会玷污您的品德。”

果然，那位愚笨的亲信一经任命，大家就开始议论纷纷，都说陈寔怎么这么有眼无珠，连这样的蠢才也看不出来，陈寔没有辩解，高伦看在眼里，心中更是过意不去。

不久，高伦高升了，去朝廷担任尚书，大家前来送行。大家祝贺他升职，他却说如果没有陈寔就没有自己的今天，当初陈寔替自己签署了委任书，才没有给自己留下任人挑剔的话柄，陈寔是个能够吃亏的君子，自己也因此欠了陈寔一份情。

高伦说出实情，大家也就不再说陈寔不称职，高伦也因为对陈寔的感激，一再地提拔陈寔。

陈寔替上级揽下过错，保住了上级的面子，即使他担着不称职的名声，知道真相的高伦也绝不会将他降职，高伦升迁，第一个受益的当然就是帮助了他的陈寔。

无论是老板还是上司都不是万能的，总有做错事的时候。聪明的员工知道要经常背着一个“梯子”——永远给老板台阶下。作为下属，维护领导的尊严和权威，是最能赢得领导信任和青睐的。在关键时刻及时保住上司的颜面，必要的时候自己把责任揽下来，这样做会给上司留下极好的印象，也会给你的职场生涯带来转机。

苏联的华西里耶夫斯基就是一个懂得利用给上司面子来维护自己职场前程的聪明人。

华西里耶夫斯基与朱可夫同为斯大林的手下，两人都有卓越的远见，对敌人的意图动向具有敏锐的洞察力，但无奈斯大林“唯我独尊”的心理膨胀，虚荣心太强，越来越听不进别人的意见。

为了避免斯大林的刚愎自用造成不堪设想的后果，华西里耶夫斯基就常常来到斯大林的办公室里“闲坐”，同斯大林聊天。两人天南海北什么都聊，华西里耶夫斯基就趁此机会顺便提提军事，也不郑重其事地聊。就是在这顺便提提的过程里，华西里耶夫斯基把自己的一些计划用诱导的方式让斯大林说出来，斯大林一旦顺着自己的思路说出华西里耶夫斯基的计划，华西里耶夫斯基就拍手称赞，说斯大林深谋远虑，自己佩服极了。斯大林听到称赞很高兴，觉得那些主意确实都是自己想出来的，就召集众人宣布。众人听完后纷纷赞同，华西里耶夫斯基也跟着众人一起称赞这是出自他的主意。

尤其是在军事会议上，挨着斯大林坐的华西里耶夫斯基常常将自己正确的意见用口齿不清的方式讲出来，讲完正确意见之后，又大方地提出两条错误意见。因为挨着斯大林坐，之前那条口齿不清的正确意见就只有斯大林一个人全部听清了，其他人完全不知道他在说什么，根本也不重视他的意见。这就给了斯大林提出意见总结精华的机会。斯大林将他正确的意见用概括的方式提炼出来再分析给众人听，接着又纠正了他精心准备的另外两条错误意见，这下，众人纷纷感叹斯大林智慧过人，全然忘记了这意见是华西里耶夫斯基提出的，而纠正他的错误意见就更加满足了斯大林的虚荣心理，华西里耶夫斯基的意见就这样一直被采纳。

有其他聪明人看穿了华西里耶夫斯基的这一套，嘲笑他有毛病，明明是自己的意见，还“受虐狂”似的非让斯大林骂一顿才罢休。

有一次，一个嘲笑他的人有些过分，华西里耶夫斯基回敬他说：“我如果也像你一样聪明，像你一样正常，我的意见就会和你的意见一样被丢到垃圾桶里去了。我只想着我的进言能被采纳，在前线的将士们能少流血牺牲，多打胜仗，这比我自己的面子重要得多。”

朱可夫不认同华西里耶夫斯基的做法，莫斯科保卫战前，他向斯大林提出“放弃基辅城”，斯大林不听，他和斯大林据理力争，吵得不可开交，结果斯大林一怒之下把他赶出了基辅城。反观“受虐狂”华西里耶夫斯基，却一度升至苏军大本营的总参谋长。

华西里耶夫斯基表现出的，是一个聪明人的气量和智慧。保全斯大林的面子，让斯大林的虚荣心常常得到满足，就能避免因为一人的刚愎自用使国家利益受损。

因为虚荣心得到满足而产生积极情绪，这在心理学上叫作面子积极效应。让你的上司保全面子，也就能使他保持积极愉快的心情，这时候，你的任何意见和要求，他也都更容易接受。利用这样的心理主动吃一点亏，就能起到四两拨千斤的作用，让你更轻易达到自己的目的，这实在是一种高超的智慧。

陈寔替上司揽过为其保住名声，华西里耶夫斯基甘居人后满足上司的虚荣心，他们是吃了亏，但都让自己的事业有了更好的发展，并且最终被人们认可。

不要当面揭穿说谎者

我国古代有“处事须留余地，劝善切戒尽言”的说法。吃亏的时候知道为对方找台阶下，在为对方避免了尴尬的同时，你的谅解也会让你在对方心目中地位得到提升。对方也更容易接受你的意见，进而彼此意见达成一致。

英国首相丘吉尔有一次和克莱门蒂娜出席一位要员的晚宴。

这个晚宴是为了招待外国贵宾而设置的，席间用的餐具都是精美的银制品，由英国最好的工匠打造，造型华美。

一位著名的外国外交官大概是太喜欢这些精美的餐具了，偷偷将一只自己喜欢的银制高脚杯塞入怀里，但是他的举动被细心的女主人发现了。

怎么办呢？女主人非常着急，这些餐具本是成套的古董，她非常珍爱，但又不能当面说出来，情急之下，她找到克莱门蒂娜寻求帮助。

克莱门蒂娜把这件事告诉了丘吉尔，丘吉尔微微一笑，在男主人的身边耳语一番，然后走回来，用餐巾作掩护，也将一只小碟子藏进袖子里。

用餐快结束的时候，丘吉尔坐到那位外交官的身边，压低声音对他说："我也偷偷拿到一只盘子，但是太糟糕了，装过甜点的盘子把我的袖子弄得很脏，所以我认为我们应该把餐具放回去。"外交官一听，发现自己的袖子也被装过红酒的玻璃杯弄得很脏，于是同意丘吉尔的说法，把餐具放回去了。银质餐具物归原主。

丘吉尔假装自己也偷了一个银盘，就不会把外交官放在一个尴尬的位置，因为同样是"小偷"，外交官更容易听取丘吉尔的意见。这样的做法保全了外交官的面子，想象一下，要是当面指出来，在这样全是国际政要的宴会上，那位外交官会多没面子啊！两国之间的很多事都要靠外交官处理，丢一个盘子事小，以后要是外交官有心报复，很多事情都会变得麻烦。丘吉尔甘心把自己放在一个"小偷"的位置上，既帮助了朋友，又保全了大局。

在很多场合，很多人不肯装糊涂，非要把事情说破，并且因为道理在自己这边就理直气壮地对他人进行当面指责，还认为自己站在正义的一面没有什么不对，张口闭口就是应该怎样怎样，不考虑对方的感受，弄得对方没面子，结果往往是出力不讨好，即使你维护了自己的利益，你在对方心中的好感也荡然无存。

借助"故意的糊涂"解决问题，在服务行业尤其见效。

在一家涉外宾馆的中式餐厅里，一位外国宾客在假装找钱包的时候将一双青花瓷图案的精美瓷质筷子放进了自己随身携带的皮包里。

站在一旁的服务小姐看到了全过程，她清楚地知道宾客是有意为之，按照宾馆规定，这是要向宾客施以处罚的。她本来可以直接上前交涉，要求宾客交出筷子并罚款，可是她却不动声色地转入了后堂。

再次从后堂出来时，服务小姐手中捧着一只绣有精美青花瓷图案的小匣子，她走到刚才那位外宾面前说：“刚才用餐时，我发现您对我国的传统工艺青花瓷表现出了很大的兴趣，简直爱不释手。您能这么喜欢我国的传统文化，我们感到很荣幸，为了表达谢意，我们决定将您用过的景泰蓝瓷筷送给您，这是配套的锦盒，请您收下。”

周围的宾客不知道事情的真相，都拍手说这位宾客运气真好，知道真相的外国宾客却红了脸，道谢着接下了锦盒。

用餐之后，这位外国宾客独自一人返回餐厅，找到那位服务小姐，将筷子归还给她，才知道是服务小姐自己掏钱买下了餐厅作为礼品出售的锦盒，谎称要送给自己，就是为了不让自己当众出丑。宾客十分感激，归还筷子之后又买了很多这种锦盒，以表达他的感谢。

餐厅经理知道这件事后，对这位服务小姐的做法大加赞赏，把购买锦盒的钱退给了服务小姐，提倡大家都学习她的做法。

这位服务小姐保全了外国宾客的面子，也没有让餐厅遭受损失，虽然这是以她吃亏为代价的。但是正因为人人都有报恩心理，所以服务小姐的做法最后得到了最好的结果，不仅外国宾客归还了筷子，餐厅还额外赚到了礼品钱，最重要的是，没有人因为这件小事受到伤害，服务小姐在客户和经理的心里都留下了好的印象。

会吃亏的做人方式，源于懂得给别人留下余地就是给自己留下余地的道理。我们无法保证自己永远不吃亏，在吃亏的时候，多为对方的面子考虑，不纠缠，让对方有冷静和反省的机会，事情解决起来就会容易得多。这样的处事方式，人际交往需要，服务行业必要，维持幸福家庭也是必不可少。

一位妻子出差提前回家，却意外撞见自己的丈夫暧昧地搂着一个女人进了家门。那个女人她认识，是自己的下属。

虽然很生气，但是她努力稳定自己的情绪，想起还在上幼儿园的孩子、与丈夫一起走过的日子，她确信丈夫只是一时糊涂，决定给他一次机会。

她先打电话给下属，说自己把文件放在家里的桌子上了，让她去取，然后又打电话给丈夫："老公，小朱一会儿到咱们家帮我取文件，你给她开门。"

一会儿，小朱就满面通红地走出家门，说是没找到文件。她微笑着说："没关系，我忘记了这份文件在公司，看来是我记性不好。"

丈夫在妻子打来电话的那一刹那就知道自己被发现了，但是没想到妻子会用这样的方式处理，以后，丈夫再也没有越雷池一步，两人像没有发生危机一样恩爱相处。

一个家庭要维持幸福美满，就一定要有人吃亏，妻子假装不知，给丈夫和小朱都留下了余地，这是一种婉转指出对方错误的方式。对方心存愧疚和感激，就会改正错误。

考虑到对方的情绪，人与人之间才能更好地相互理解，给对方台阶下，也是给自己留余地，这样能为事情赢得最好的结果。

有的面子亏不能吃

人人都爱面子，这是人虚荣心的一部分，在人际交往中，我们有时候要学着保全他人的面子，宁可自己吃点亏也没关系。

为了保全他人的面子自己吃亏是大度，但也不是什么面子亏都要吃，不该吃的亏就要还回去，尤其是当你不仅仅代表你自己的时候。

20世纪70年代美国代表团访华的时候，有一位官员当着周总理的面说："我看中国人都喜欢低着头走路，我们美国人恰恰相反，我们都是抬着头走路。"话一出口，大家都吃了一惊。官员说话的时候言语间流露出戏谑的情绪，暗着指中国人抬不起头。

周总理平静地说："这是因为我们中国人总走上坡路，只能低着头，而美国人总走下坡路，自然要抬起头。"

周总理回答完，那位官员立刻识趣地闭嘴了，知道这个总理确实不好惹。

周总理对于外国官员的戏谑，很有力地反驳了回去，因为这位外国官员已经是在讽刺所有中国人。被人这样讽刺而不还击，以后颜面何存呢？作为一国的总理，自然要还击回去。

和周总理一样还击的，还有英国首相丘吉尔。

二战结束不久，丘吉尔作为在战争中备受瞩目的世界三巨头之一，却在首相大选中落选了。从一般人看来，这是很狼狈的事，丘吉尔却表现得极为坦然。

三巨头之一的斯大林知道了这件事，自然不会放过这个讽刺丘吉尔的机会，对他说："你打了胜仗，他们却把你赶下了台，你看看我，谁敢把我赶下台？"

丘吉尔不紧不慢地回答："我打胜仗，正是为了保证他们有权利把我赶下台。"

斯大林讽刺丘吉尔在英国大选中失利，丘吉尔却用一句话巧妙地还击回去，不仅保全了自己的面子，还反过来讽刺斯大林的独断专权。

丘吉尔一向以心胸开阔著称，面对政敌的挑衅不计较，面对仇恨能坦然放下，却没有对斯大林的话一笑而过。这正是因为当时二战刚刚结束，大家付出巨大代价就是为了拥有民主和平的生活，但是斯大林野心膨胀，战争过去没多久就开始独断专权，丘吉尔这算是一种指责，也是好心提醒。

丘吉尔和周总理都谦逊宽怀，但是当遇到不该吃的亏的时候，懂得非常机智地反击回去。他们身居高位，责任重大，代表的是一个国家的面子，站在国家的立场，不该吃的亏绝对不吃。

我们可以为了保全他人的面子而吃亏，但这种吃亏不代表一味地退让，要能分得清什么时候该吃，什么时候不该吃，不该吃的亏一定要还击回去。但还击的时候不是暴躁愤怒，而是要保持风度，运用我们的智慧，只要保全我们该有的尊严就可以。

晏子是春秋时期齐国的大夫，他头脑灵活，长于外交，齐王派他作为使臣出使楚国。

楚王知道齐国要来使臣，就想借这个机会羞辱使臣，好给齐王难堪。经过打探，知道是晏子来使，晏子身材矮小，楚王就命人关上大门，只留下一个狗洞供人进出。晏子到楚国，看见只有一个可以进出的狗洞，对楚王的心思猜到了七八分，就站在狗洞前说："出使狗国的时候，自然要从狗洞进去，今天我出使的是楚国，不应该从这个门进去啊。"晏子说出这话，要是再让他从狗洞进去，不就是承认楚国是狗国吗？来迎接的人不好再为难，就打开大门让晏子进去。

晏子拜见楚王，楚王看见晏子就问他："楚国难道没有人了，竟然派你来做使臣？"晏子从容地说："齐国首都临淄有七千多户人家，展开衣袖可以遮天蔽日，干活的时候挥洒汗水就像天下雨一样，人挨着人，肩并着肩，怎么能说没有人呢？"楚王说："既然齐国这么多人，为什么派你来出使？"晏子又说："齐国派使臣，各有各的出使对象，遇上贤明的君主就派贤明的人去，无能的君主会派无能的人去。晏子无才，就被派到楚国来了。"

两次羞辱不成，自己还反吃一个哑巴亏，楚王很不高兴，就又想出一个计谋，让两名公差绑住一个人，假装是从齐国来的偷盗犯，好让晏子当众难堪。楚王为晏子设宴款待，正当宴席进行到一半，两名士兵绑着一个人来到楚王面前，楚王问："底下的是什么人，犯了什么事？"士兵照着之前约好的台词说："是个齐国人，犯了偷盗罪被抓起来了。"楚王立刻对着晏子质问："齐国人难道天生就擅长偷东西吗？"晏子离开座位，对着楚王回答："我听说过这样一件事，南边生长的橘子又大又甜，但是一种到淮河以北，就会变得又小又酸。究其原因，是因为水土不同。齐国的老百姓在自己的国家从来不偷东西，怎么一到楚国就开始偷东西了呢？难道是楚国的社会风气会让老百姓变得爱偷东西吗？”楚王这下被晏子的口才折服了，笑着说：“我听说圣人是不能开玩笑的，现在对先生这样，是我自己自讨没趣了。”

晏子对楚王的挑衅毫不留情地还击，不是他不够大度隐忍，而是他作为一国的使臣，代表着一个国家的尊严，不还击才是说不过去。晏子的聪明在于他的分寸，在巧妙应对让楚王折服后，晏子并没有进一步要求楚王道歉，再指责楚国的种种不是，而是面对挑衅不卑不亢，事情过后云淡风轻，这才尽显智慧与风度。试想晏子要是屈身钻过狗洞，损害的不是他一个人的利益，整个齐国都要跟着遭人嘲笑了。这哪里还是不计较，这是无能。

一个不懂得保全他人面子的人，最终会失去别人的尊重，但一个一味退让，不知道在该维护自己利益的时候不能退让的人，最后会失去自己的尊严。

高高国际

吃亏心理学

出 品 人 | 高 欣
出版统筹 | 孙广宇
执行编辑 | 陈 静 万雄飞
装帧设计 | 龙 柒
制作编辑 | 李 雁
品牌运营 | 孙 莉
销售总监 | 彭美娜
营销编辑 | 王晓琦
版式编辑 | 周 芳

微信公号 | 高高国际
天猫旗舰 | 高高图书专营店
读者服务 | gaogaosky@163.com
直销服务 | 010-65709800

法律顾问 | 北京东合律师事务所 郝云峰 律师